Salmos
y
Proverbios
preciosos

BARBOUR
ESPAÑOL
Un Sello de Barbour Publishing

© 2021 por Barbour Español.

ISBN 978-1-64352-689-8

Título en inglés: Beloved Psalms and Proverbs

Desarrollo editorial: Semantics, Inc. Semantics01@comcast.net

Publicado por Barbour Español, un sello de Barbour Publishing, Inc., 1810 Barbour Drive, Uhrichsville, Ohio 44683.

Nuestra misión es inspirar al mundo con el mensaje transformador de la Biblia.

Impreso en los Estados Unidos de América.

Contenido

Bienvenidos a Salmos y Proverbios preciosos

Cuando necesites estímulo, inspiración y edificación, acude a este librito que contiene lo mejor de los mejores libros de sabiduría de las Escrituras.

Este práctico recurso te presenta algunas de las porciones más edificantes y útiles de Salmos y Proverbios, todas ellas en una traducción fácil de entender. Cada pasaje va acompañado de una breve nota explicativa que ayuda a contextualizar mejor su mensaje.

Durante miles de años, el pueblo de Dios ha encontrado consuelo y esperanza en los libros de Salmos y Proverbios, y tú también puedes. Cada uno de los pasajes siguientes te servirán de impulso espiritual, sean cuales sean tus circunstancias del momento.

Salmo 1

A lo largo de las Escrituras, Dios llama a su pueblo a establecer la línea de sus principios por encima de los valores del mundo en general. A las personas que se comprometen con Dios y son obedientes a sus claras instrucciones se les promete recompensas; quienes lo rechazan solo pueden esperar juicio.

LA DIFERENCIA ENTRE LA GENTE BUENA Y LA PECADORA

Dichoso el hombre que no anda por donde le dicen los pecadores, ni entra en su camino ni se sienta con los que se ríen de la verdad. 2 Sino que se alegra en la ley del Señor y piensa día y noche en ella. 3 Tal hombre es como un árbol plantado junto a ríos de agua, que da su fruto cuando debe darlo y cuya hoja nunca se seca. Haga lo que haga, le irá bien.

4 Los pecadores no son así. Son como la paja que se lleva el viento. 5 Por eso los pecadores no permanecerán. Se les mostrará su culpa y la pena correspondiente. Los pecadores no estarán con quienes son justos ante Dios. 6 Porque el Señor conoce el camino de los que son justos ante él, pero el camino de los pecadores desaparecerá de la vista de Dios para siempre.

Salmo 3

Este es el primero de setenta y tres salmos donde se indica «de David». Su confianza en Dios se manifiesta en su capacidad de dormir por las noches (vv. 4-6). El insomnio es uno de los efectos secundarios de la preocupación. Pero, en lugar de inquietarse y perder el sueño, David habla con Dios, y esto hace que halle sosiego y descanso.

ORACIÓN MATUTINA DE CONFIANZA

¡Oh Señor, cuántos son los que me odian! ¡Cuántos se levantan contra mí! 2 Muchos dicen de mí: «No encontrará ayuda en Dios». 3 Pero tú, oh Señor, eres un escudo que me protege por completo, eres mi resplandeciente grandeza y el que levanta mi cabeza. 4 Clamé yo al Señor y me respondió desde su monte santo. 5 Me acosté, pude dormir y me desperté porque el Señor me mantiene a salvo.

6 No me darán miedo ni diez mil personas que vengan contra mí. 7 ¡Levántate, oh Señor! ¡Sálvame, Dios mío! Pues tú has golpeado en la cara a todos los que me odian y les has roto los dientes a los pecadores. 8 Eres tú quien salva, oh Señor. Trae felicidad a tu pueblo.

Salmo 7

A pesar de la amenaza tan real que David está sintiendo de sus enemigos, concluye este salmo como lo suelen hacer tan a menudo los salmistas, con alabanzas a Dios y con el conocimiento por adelantado de que Dios está dispuesto a actuar a favor de su pueblo fiel.

ORACIÓN PIDIENDO AYUDA
CONTRA LOS PECADORES

Oh, Señor, Dios mío, en ti he puesto mi confianza. Sálvame de todos los que vienen por mí, mantenme a salvo. 2 O me desgarrarán como un león, me llevarán donde no encuentre quien me ayude. 3 Oh Señor, Dios mío, si esto es por mi causa, si hay culpa en mis manos, 4 si he hecho algún mal al que estaba en paz conmigo, o si le he robado sin razón al que obraba contra mí, 5 que venga por mí y me atrape el que me odia. Que me aplaste bajo sus pies hasta la muerte y ponga mi honor por los suelos.

6 Levántate en tu ira, oh Señor. Levántate contra la ira de los que me odian. Despierta, Dios mío, y ayúdame. Pon de manifiesto lo justo. 7 Que el pueblo se reúna en torno a ti y los gobiernes desde tu trono. 8 Que el Señor juzgue quiénes son culpables o no. Oh Señor, si me tienes por justo y sin culpa, juzga a mi favor. 9 Que se detengan los pecados de los pecadores y edifiques a los que son justos ante ti. Pues el Dios

que es justo y bueno prueba los corazones y las mentes. 10 Con Dios estoy seguro, pues él salva a los que son puros de corazón.

11 Dios siempre tiene razón en sus juicios. Está siempre enojado con los pecadores. 12 Si alguien no se arrepiente de sus pecados y no se aparta de ellos, Dios afilará su espada. Tomará su arco y lo preparará. 13 Dios blande su espada y el arco de la muerte, y hace flechas de fuego.

14 Mira cómo el pecador piensa en los pecados y planifica disturbios y mentiras que empiezan a crecer en su interior. 15 Ha cavado un hoyo profundo y ha caído en él. 16 Los problemas que provoca se volverán contra él. Cuando haga daño a otros, ese mismo daño le caerá encima. 17 Daré gracias al Señor porque es justo y bueno. Cantaré alabanzas al nombre del Señor Altísimo.

Salmo 8

¿Quién no ha observado fijamente los cielos en una noche clara y se ha preguntado sobre la naturaleza de Dios, el origen de la humanidad y se ha hecho otras interrogantes de peso? Este salmo refleja las divagaciones de David sobre tales cosas. Empieza reconociendo que la tierra es de Dios. Cuando no se considera la presencia divina, las personas salen con respuestas distorsionadas a la pregunta: «¿Qué es el hombre?».

La resplandeciente grandeza de Dios

Oh Señor, Señor nuestro, cuán grande es tu nombre en toda la tierra. Has puesto tu resplandeciente grandeza por encima de los cielos. 2 De la boca de los niños y los bebés has establecido una fortaleza por causa de los que te odian, y para acallar a los que luchan contra ti.

3 Cuando levanto la mirada y pienso en tus cielos, obra de tus dedos, la luna y las estrellas, que tú has puesto en su lugar, 4 ¿qué es el hombre, para que pienses en él, el hijo del hombre para que te importe? 5 Lo hiciste un poco por debajo de los ángeles y le diste una corona de grandeza y honor. 6 Lo creaste para que gobernara sobre las obras de tus manos. Pusiste todas las cosas bajo sus pies: 7 Todas las ovejas y el ganado, todos los animales salvajes, 8 las aves del cielo y los peces del mar, y todo lo que vive en el mar. 9 ¡Oh Señor, Señor nuestro, cuán grande es tu nombre en toda la tierra!

Salmo 9

Como varios de los salmos precedentes de David, el salmo 9 también trata de sus luchas para soportar la persecución de sus enemigos. Sin embargo, en este caso, David está ansioso por cantar y regocijarse, porque Dios se ha ocupado de los enemigos de David. No solo han sido derrotados, sino también reprendidos, destruidos y eliminados. Su ruina no tiene fin, y pronto no quedará ni recuerdo de ellos.

GRACIAS A DIOS POR CÓMO JUZGA

Le daré gracias al Señor con todo mi corazón. Contaré todas las grandes cosas que has hecho. 2 Me gozaré y me alegraré pensando en ti. Cantaré alabanzas a tu nombre, oh Altísimo, 3 cuando los que me odian se alejan, caen y dejan de estar ante ti. 4 Tú has apoyado mis acciones justas. Te sientas en tu trono y juzgas como debe juzgarse. 5 Has dirigido palabras afiladas a las naciones y has destruido a los pecadores. Has desechado su nombre para siempre. 6 Los que luchan contra ti están acabados para siempre. Has destruido sus ciudades. Ya no serán recordadas. 7 Pero el Señor vive para siempre. Ha establecido su trono para dictar quién es culpable o no. 8 Él castigará al mundo con justicia. Él será justo en su gobierno sobre el pueblo.

9 El Señor también mantiene a salvo a los que sufren. Él es un refugio seguro en tiempos de dificultad. 10 Los que conocen tu nombre pondrán su confianza

en ti. Pues tú, Señor, nunca has dejado solos a los que te buscan. 11 ¡Canten alabanzas al Señor, que vive en Sion! ¡Cuenten a todas las naciones lo que ha hecho! 12 Porque Aquel que castiga por la sangre derramada se acuerda de ellos. No olvida el llanto de los que sufren. 13 ¡Ten piedad de mí, oh Señor! Mira cómo sufro por los que me odian, tú que me has sacado de las puertas de la muerte, 14 para que pueda contar todas tus alabanzas a las puertas de Sion. Allí estaré rebosando de alegría porque tú salvas.

15 Las naciones han caído en el hoyo que ellas mismas cavaron. Sus pies han quedado atrapados en la red que ellas mismas escondieron. 16 El Señor se ha dado a conocer. Él es justo en su ley. Los pecadores caen en las trampas de sus propias obras. 17 Los pecadores, todas los pueblos que olvidan a Dios, serán devueltos a la tumba.

18 Pero los necesitados no serán olvidados. La esperanza de los pobres no se perderá para siempre. 19 ¡Levántate, Señor! Que no te venza el hombre que pelea contra ti. Vengan las naciones ante ti y sean juzgadas. 20 Hazlas temer, oh Señor. Que las naciones sepan que no son más que hombres.

Salmo 11

*La frase con que se inicia el salmo 11 es el tema de
David: «En el Señor estoy seguro». Incluso cuando
los sucesos parecían más caóticos y turbulentos de lo
normal, la condición espiritual de la persona es tan
confiable como siempre. Dios sigue en su trono. Nada ha
cambiado. Él ve lo que sucede y juzgará todo lo que ve,
y no será agradable para quienes lo hayan desafiado.*

El Señor: un refugio seguro

En el Señor estoy seguro. ¿Cómo puedes decirme:
«Vuela como un pájaro hacia tu montaña? 2 Mira, los
pecadores tensan su arco. Ponen su flecha en la cuerda
para disparar en la oscuridad contra los puros de corazón. 3 Si se destruyen los cimientos del edificio, ¿qué
pueden hacer los que son rectos ante Dios?».

4 El Señor está en su santa casa. El trono del Señor
está en el cielo. Sus ojos ven a los hijos de los hombres
y los prueban. 5 El Señor prueba y examina a los rectos
y buenos y a los que son pecadores, y su alma odia a
quien disfruta haciendo daño. 6 Enviará fuego sobre
los pecadores. Fuego, azufre y viento ardiente serán la
copa que beberán. 7 Porque el Señor es justo y bueno.
Ama la justicia y la bondad, y los que son justos ante él
verán su rostro.

Salmo 15

*Con tantos salmos anteriores que expresan la confusión,
la desesperación y la afrenta porque los impíos parecen
proliferar, mientras que los que creen en Dios luchan por
salir adelante, el salmo 15 es un recordatorio sencillo,
aunque poderoso, de lo que es importante.*

HOMBRES BUENOS

Oh Señor, ¿quién puede vivir en tu tienda? ¿Quién puede vivir en tu santo monte? 2 El que camina sin culpa y hace lo recto y bueno, y dice la verdad en su corazón. 3 No perjudica a los demás con su lengua, ni hace daño a su vecino ni avergüenza a su amigo. 4 Él ve desde lo alto a una persona pecadora, pero honra a los que temen al Señor. Cumple sus promesas, aunque pueda dolerle. 5 Da dinero cuando es necesario sin pedir su reembolso, y no acepta dinero para perjudicar a los inocentes. El que hace estas cosas nunca será sobresaltado.

Salmo 18

Este es otro salmo sobre la alabanza de David hacia Dios, en agradecimiento por su ayuda ocupándose de sus agresivos enemigos. David no se considera un caso especial para recibir la ayuda y la protección divinas. En los versículos 15–27 afirma que cualquiera que sea fiel testificará de la fidelidad de la que Dios hace gala a cambio, y cualquiera que sea irreprensible, puro y humilde sale beneficiado del justo carácter del Señor.

CANCIÓN DE AGRADECIMIENTO POR SER MANTENIDO A SALVO

Te amo, Señor, fortaleza mía. 2 El Señor es mi roca y mi refugio seguro, y el que me saca de los problemas. Mi Dios es mi roca, en quien estoy a salvo. Él es mi refugio, la fortaleza de mi salvación y mi torre fuerte. 3 Yo clamo al Señor, quien tiene el derecho a ser alabado, y he sido librado de los que me odian.

4 Las cuerdas de la muerte estaban a mi alrededor. Tengo miedo de las inundaciones de la muerte. Me rodearon las cuerdas de la tumba. Las trampas de la muerte estaban preparadas para mí. 6 Llamé al Señor en mi tribulación. Le pedí ayuda a Dios. Escuchó mi voz desde su santa casa. Mi grito de ayuda llegó a sus oídos.

7 Entonces la tierra tembló. Temblaron las montañas. Temblaron por el enojo de Dios. 8 Salía humo

de su nariz y el fuego que seguía saliendo de su boca lo quemaba todo a su alrededor. 9 Dividió los cielos y bajó. Había nubes oscuras bajo sus pies. 10 Se sentó sobre un querubín y voló. Viajó en las alas del viento. 11 Hizo de la oscuridad su refugio, lo que lo cubría, las nubes oscuras y cargadas. 12 Los negros nubarrones, el granizo y el fuego pasaron por la luz delante de él. 13 El Señor hizo tronar los cielos. La voz del Altísimo habló: granizo, piedras y fuego. 14 Envió sus flechas y los dispersó. Lanzó sus rayos y los hizo huir. 15 Entonces se pudieron ver las profundidades del mar. Y las profundidades de la tierra se abrieron, por causa de tus afiladas palabras, oh Señor, por el poderoso aliento de tu nariz.

16 Él envió desde lo alto y me sacó. Me libró de las muchas aguas. 17 Me llevó lejos del poderoso que lucha contra mí y de los que me odiaban. Eran demasiado fuertes para mí. 18 Se enfrentaron a mí en el día de mis tribulaciones, pero el Señor era mi fuerza. 19 Me llevó a un lugar espacioso. Me dio un refugio seguro porque estaba complacido conmigo.

20 El Señor me ha recompensado por ser justo ante él. Me ha recompensado por la limpieza de mis manos. 21 Pues he guardado los caminos del Señor y no he pecado apartándome de mi Dios. 22 Todas sus leyes están delante de mí. No he dejado de lado sus leyes. 23 Estaba yo sin culpa ante él y me he mantenido

alejado del pecado. 24 Así que el Señor me ha recompensado por ser justo ante él y por tener mis manos limpias a sus ojos.

25 A los fieles te muestras fiel. A los intachables te muestras intachable. 26 Con los puros te muestras puro. Con los pecadores te muestras en contra de ellos. 27 Salvas a los que sufren, pero haces caer a los de mirada orgullosa. 28 Haces brillar mi lámpara. El Señor mi Dios ilumina mi oscuridad. 29 Con tu ayuda puedo enfrentarme a un gran ejército. Con mi Dios puedo saltar una muralla.

30 En cuanto a Dios, su camino es perfecto. La Palabra del Señor supera toda prueba. Él sirve de proteccción a todos los que acuden buscando un refugio seguro. 31 ¿Quién es Dios, sino el Señor? ¿Y quién es una roca excepto nuestro Dios? 32 Es Dios quien me cubre de fuerza y hace perfecto mi camino. 33 Hace que mis pies sean como los de un ciervo y me coloca en mis lugares de altura. 34 Me enseña a luchar, para que pueda usar un arco de bronce. 35 También me has dado la protección que me salva. Tu diestra me sostiene y tu cuidado me ha hecho grande. 36 Ensanchas el camino para mis pasos, y mis pies no han tropezado.

37 Fui tras los que luchan contra mí y los atrapé, y no regresé hasta que fueron destruidos. 38 Los golpeé para que no pudieran levantarse. Cayeron bajo mis pies. 39 Tú me has dado fuerza para la guerra. Has

puesto por debajo de mí a los que me han combatido. 40 También has hecho que huyan ante mí, y destruí a los que me odiaban. 41 Clamaron pidiendo ayuda, pero no había quien salvara. Clamaron al Señor, pero no les respondió. 42 Entonces los desmenucé hasta dejarlos como polvo al viento. Los deshice como si fueran barro en las calles.

43 Me has alejado de la lucha de la gente. Me has convertido en líder del pueblo. Me servirán gentes que no he conocido. 44 En cuanto me oyen hablar, me obedecen. Los de otras tierras me obedecen. 45 Estas gentes de otras tierras perdieron el vigor de su corazón y vienen temblando desde detrás de sus murallas. 46 ¡El Señor vive! ¡Cuán grande es mi Roca! ¡Alabado sea el Dios que me salva! 47 Él es el Dios que castiga a los que me han hecho mal. Pone naciones bajo mi gobierno. 48 Me salva de los que me odian. Sí, tú me elevas por encima de los que se alzan contra mí. Me salvas de los que quieren hacerme daño. 49 Por eso te daré gracias entre las naciones, oh Señor, y cantaré alabanzas a tu nombre. 50 Él le da a su rey un gran poder sobre la angustia, y muestra su bondad y amor a su elegido, a David, y a sus hijos para siempre.

Salmo 19

Dios se revela a la humanidad de numerosas formas.
En el salmo 19, David empieza prestando atención
al mundo natural que refleja la Gloria de Dios,
y, a continuación, pasa a la Palabra de Dios revelada, fuente
de muchas y diversas bendiciones potenciales.

LAS OBRAS DE DIOS Y SU PALABRA

Los cielos hablan de la grandeza de Dios y los grandes espacios abiertos de lo alto muestran la obra de sus manos. 2 Los días hablan entre sí. Las noches se enseñan mucho una a otra. 3 No se oye hablar ni hay palabras, no se oye la voz de ellos. 4 Su sonido ha salido por toda la tierra, y sus palabras hasta el fin del mundo. En ellos ha puesto Dios una tienda para el sol. 5 Es como un hombre listo para casarse que sale de su habitación y como un hombre fuerte que está feliz de correr su carrera. 6 Asciende desde un extremo de los cielos y se abre paso hasta el otro extremo. No hay nada que se oculte a su calor.

7 La ley del Señor es perfecta, le da nuevas fuerzas al alma. La ley que él ha dado a conocer es segura, hace sabio al niño. 8 Las leyes del Señor son rectas, dan alegría al corazón. La palabra del Señor es pura, da luz a los ojos. 9 El temor del Señor es puro, permanece para siempre. El Señor juzga siempre con verdad y rectitud. 10 La palabra del Señor vale más que el oro, más que

mucho oro refinado. Es más dulce que la miel, más que la recién sacada del panal. 11 Sus palabras le dicen a tu siervo que tenga cuidado. Hay gran recompensa en obedecerlas.

12 ¿Quién puede ver sus propios errores? Perdona mis pecados que no veo. 13 Y no permitas que tu siervo peque yendo por mi propio camino. No dejes que estos pecados me dominen. Así estaré sin tacha, y no seré hallado culpable de grandes pecados. 14 Que las palabras de mi boca y los pensamientos de mi corazón sean agradables a tus ojos, Señor, mi Roca y mi Salvador.

Salmo 20

En los primeros versículos del salmo 20, puede parecer que es el salmista quien ofrece bendiciones sobre sus lectores, pero en el versículo 5 queda de manifiesto que la voz es plural y que el mensaje se está dirigiendo a un sujeto singular. En realidad, está escrito para un grupo congregado, invitándolo a unirse al rey en oración antes de una batalla.

ORACIÓN PARA ESTAR A SALVO

¡Que el Señor te responda en el día de la angustia! Que el nombre del Dios de Jacob te mantenga a salvo. 2 Que él te envíe ayuda desde su casa y te dé fuerzas desde Sion. 3 Que recuerde todas tus ofrendas de grano traídas al altar en adoración, y que se complazca de tus ofrendas quemadas.

4 Que él te conceda el deseo de tu corazón y haga prosperar todos tus planes. 5 Cantaremos de alegría en tu victoria. En el nombre de nuestro Dios alzaremos nuestras banderas. Que el Señor te conceda todo lo que le pidas.

6 Ahora sé que el Señor salva a su elegido. Le responderá desde su cielo santo, con el poder salvador de su diestra. 7 Algunos confían en los carros y otros en los caballos, pero nosotros confiaremos en el nombre del Señor nuestro Dios. 8 Ellos han caído de rodillas, pero nosotros nos levantamos y nos mantenemos erguidos. 9 ¡Oh Señor, salva! Que el Rey nos responda cuando clamamos.

Salmo 22

El salmo 22 comienza con algo que nos resulta familiar, porque Jesús citó estos primeros versículos cuando estaba en la cruz. Como se aclarará enseguida, las palabras de David en este salmo describen de forma sorprendente la crucifixión de Jesús. De todos los salmos este es el que más se cita en el Nuevo Testamento.

Un grito de temor y un canto de alabanza

Dios mío, Dios mío, ¿por qué me has dejado solo? ¿Por qué estás tan lejos de ayudarme y de las palabras con que lloro dentro de mí? 2 Oh, Dios mío, lloro por el día, pero tú no respondes. Lloro por la noche, pero no hallo descanso. 3 Sin embargo, tú eres santo. Las alabanzas que Israel te dirige son tu trono. 4 Nuestros padres confiaron en ti y tú los salvaste. 5 Clamaron a ti y fueron liberados. Confiaron en ti y no fueron avergonzados.

6 Pero yo soy un gusano y no un hombre. Los hombres me someten a escarnio y el pueblo me odia. 7 Todos los que me ven se burlan de mí. Abren la boca, sacuden la cabeza y dicen: 8 «Él confía en el Señor. Pues que el Señor le ayude. Que el Señor lo saque de sus problemas, porque su felicidad está en Dios».

9 Pero tú me sacaste en mi nacimiento. Me hiciste estar confiado cuando me amamantaba mi madre. 10 Estuve a tu cuidado desde que nací. Desde que mi madre me dio a luz, tú has sido mi Dios.

11 No te alejes de mí, porque la angustia está cerca, y no hay nadie que ayude. 12 Muchos toros se han reunido a mi alrededor. Fuertes toros de Basán me rodean. 13 Abren sus bocas de par en par contra mí, como un león estruendoso y hambriento. 14 Yo me derramo como el agua y tengo todos mis huesos descoyuntados. Mi corazón es como una vela derretida. 15 Mi vigor se seca como un escombro de vasija de barro. Mi lengua se pega al paladar, y tú me dejas en el polvo de la muerte. 16 Los perros se han reunido a mi alrededor. Me rodea un grupo de hombres pecadores. Me han cortado las manos y los pies. 17 Puedo decir cuántos huesos tengo. La gente me mira con los ojos muy abiertos. 18 Se reparten mis ropas sorteándoselas para ver quién se las queda.

19 ¡Pero tú, Señor, no te alejes de mí! ¡Oh, fortaleza mía, apresúrate a ayudarme! 20 Aléjame de la espada. Salva mi vida del poder del perro. 21 Sálvame de la boca del león y de los cuernos de los toros salvajes. Respóndeme.

22 Daré a conocer tu nombre a mis hermanos. En medio de la reunión de adoración te alabaré. 23 Ustedes, los que temen al Señor, alábenlo. Todos ustedes, hijos de Jacob, honren a Dios. Témanlo, hijos todos de Israel. 24 Pues no se ha apartado del sufrimiento del que sufre o está angustiado. No le ha ocultado su rostro, sino que ha escuchado su grito de auxilio.

25 De ti procederá mi alabanza en la gran reunión de adoración. Cumpliré mis promesas ante los que te temen. 26 Los que sufren comerán y tendrán suficiente. Los que buscan al Señor lo alabarán. ¡Que tu corazón viva para siempre! 27 Todos los confines de la tierra lo recordarán y se volverán al Señor. Todas las familias de las naciones adorarán ante él. 28 Pues la nación santa es del Señor, y él gobierna sobre las naciones. 29 Todos los orgullosos de la tierra comerán y adorarán. Todos los que bajan hasta el polvo caerán de rodillas ante él, incluso el que no pueda mantener viva su alma. 30 Los hijos futuros le servirán. Le contarán del Señor a sus hijos. 31 Vendrán y le contarán sobre su poder salvador a un pueblo que aún no ha nacido, pues él lo ha hecho.

Salmo 23

En el que, sin duda, es el más conocido de los salmos, David usa el simbolismo de un pastor para destacar las bendiciones y la protección de Dios sobre su pueblo.
Era bastante común que se comparara a los reyes de aquella época con pastores. Aunque el rey David tenía experiencia de primera mano en el papel, en este salmo solo es una de las ovejas del rebaño de Dios.

El Señor, nuestro pastor

El Señor es mi Pastor. Tendré todo lo que necesito. 2 Me deja descansar en campos de pasto verde. Me lleva junto a las aguas tranquilas. 3 Él renueva mis fuerzas. Me guía en el camino de la vida con él mismo, lo que trae honor a su nombre. 4 Sí, aunque ande por el valle de la sombra de muerte, no tendré miedo de nada, porque tú estás conmigo. Tienes un bastón para guiar y otro para ayudar. Esto me reconforta. 5 Estás preparándome una mesa para comer delante de los que me odian. Has vertido aceite sobre mi cabeza. Tengo todo lo que necesito. 6 Sin duda, me darás bondad y amor todos los días de mi vida, y viviré contigo en tu casa para siempre.

Salmo 24

Cualquier rey que se acerque a una ciudad recibirá un magnífico recibimiento; ¡cuánto más debería inspirar una respuesta la cercanía del Rey de gloria! Hasta se percibe que las entradas y las puertas de la ciudad responden ante la magnitud del acontecimiento.

EL REY DE RESPLANDECIENTE GRANDEZA

Del Señor es la tierra y todo lo que hay en ella, el mundo y todos los que viven en él. 2 Pues él lo ha construido sobre los mares. Lo ha puesto sobre los ríos. 3 ¿Quién puede subir al monte del Señor? ¿Y quién puede estar en su santuario? 4 El que tiene las manos limpias y el corazón puro. El que no ha elevado su alma a lo que no es verdad ni ha hecho falsas promesas. 5 Este recibirá del Señor lo que es bueno, y lo que es correcto y bueno del Dios que lo salva. 6 Tal es la familia de los que lo buscan, los que buscan tu rostro, oh Dios de Jacob.

7 Levanten sus cabezas, oh puertas. Levántense ustedes, oh puertas eternas, y el Rey de la resplandeciente grandeza vendrá. 8 ¿Quién es el Rey de la resplandeciente grandeza? El Señor es fuerte y poderoso. El Señor es poderoso en la guerra. 9 Levanten sus cabezas, oh puertas. Levántenlas, oh puertas eternas, y el Rey de resplandeciente grandeza entrará. 10 ¿Quién es el Rey de resplandeciente grandeza? El Señor de todo. Él es el Rey de resplandeciente grandeza.

Salmo 25

En el salmo 25, como en muchos de los demás, David expresa
el deseo de tener mayor cercanía con Dios. En el idioma
original, el salmo es un poema acróstico. El primer versículo
empieza con la primera letra del alfabeto hebreo y cada uno
de los versículos que siguen continúa con las letras sucesivas
hasta acabar el abecedario.

ORACIÓN PARA ESTAR A SALVO DE LOS ENEMIGOS

Elevo a ti mi alma, oh Señor. 2 Oh mi Dios, confío en
ti. No dejes que sea avergonzado. No dejes que venzan
los que combaten contra mí. 3 Sí, que nadie que espere
en ti sea avergonzado, pero avergüenza a los que dañan
a otros sin razón.

4 Muéstrame tus caminos, oh Señor. Enséñame
tus caminos. 5 Guíame en tu verdad y enséñame. Pues
tú eres el Dios que me salva. Todo el día te espero a
ti. 6 Recuerda tu misericordia y bondad amorosas, oh
Señor. Pues desde antiguo han existido. 7 No hagas
memoria de mis pecados de juventud ni de mis caminos pecaminosos. Por tu amorosa bondad, acuérdate de
mí, porque tú eres bueno, oh Señor.

8 Bueno y justo es el Señor. Por eso instruye a los
pecadores en sus caminos. 9 Él guía hacia lo que es justo a los que no son orgullosos, y les enseña su camino.
10 Todos los caminos del Señor son de amor y verdad para los que guardan su pacto y cumplen sus leyes.

11 Por amor de tu nombre, Señor, perdona mi pecado, aunque sea grande.

12 ¿Quién es el hombre que teme al Señor? Él le enseñará el camino que debe escoger. 13 Su alma vivirá una vida abundante y sus hijos recibirán la tierra. 14 El secreto del Señor es para aquellos que le temen, y él les hará conocer su pacto. 15 Mis ojos están siempre en el Señor, pues él sacará mis pies de la red.

16 Vuélvete hacia mí y muéstrame tu bondad y amor, pues estoy solo y angustiado. 17 Se han aumentado las aflicciones de mi corazón. Sácame de mi sufrimiento. 18 Mira mis angustias y mi dolor, y perdona todos mis pecados. 19 Mira a los que me odian, porque son muchos. ¡Y cuánto me odian! 20 Mantenme a salvo, Señor, y libérame. No dejes que sea avergonzado por haber confiado en ti. 21 Que la bondad y la rectitud me mantengan a salvo, porque yo te espero a ti. 22 Oh Dios, libera a Israel de todas sus aflicciones.

Salmo 27

Cuando se enfrenta al temor, David mantiene sus prioridades en orden. El versículo 4 revela su prioridad: una relación de por vida con Dios en el tabernáculo. Sus ojos no están dirigidos al enemigo que se acerca, sino a la hermosura del Señor. Por consiguiente, confía en que cuando llegue el problema, Dios lo protegerá y lo sostendrá.

Oración de confianza en Dios

El Señor es mi luz y el que me salva. ¿A quién he de temer? El Señor es la fuerza de mi vida. ¿De quién he de tener miedo? 2 Cuando los pecadores y todos los que me odiaban vinieron contra mí para destruir mi carne, tropezaron y cayeron. 3 Aunque se junte un ejército contra mí, mi corazón no temerá. Aunque se levante guerra contra mí, estaré seguro de ti.

4 Una cosa le he pedido al Señor, y esa buscaré: vivir en la casa del Señor todos los días de mi vida, para contemplar la belleza del Señor y adorar en su santa morada. 5 En el día de la angustia me mantendrá a salvo en su santa tienda. En el lugar secreto de su tienda me esconderá. Me pondrá en lo alto de una roca. 6 Entonces mi cabeza estará por encima de todos los que me rodean y me odian. Haré ofrendas en su santa tienda alzando la voz con alegría. Cantaré. Sí, cantaré alabanzas al Señor.

7 Oh Señor, escucha mi clamor. Muéstrame la bondad amorosa y respóndeme. 8 Tú has dicho: «Busca

mi rostro». Mi corazón te dijo: «Oh Señor, tu rostro lo buscaré». 9 No escondas tu rostro de mí. No rechaces con ira a tu siervo. Tú has sido mi ayudador. No te alejes de mí ni me dejes solo, ¡oh Dios mi Salvador! 10 Mi padre y mi madre me han dejado, pero el Señor cuidará de mí.

11 Enséñame tu camino, oh Señor. Guíame por un camino recto, por causa de los que luchan contra mí. 12 No me entregues al capricho de los que me odian. Porque la gente que miente sobre mí se levanta contra mí y exhala deseos de hacerme daño. 13 No habría tenido esperanza si no hubiera creído que vería la bondad amorosa del Señor en la tierra de los vivientes. 14 Espera al Señor. Sé fuerte. Que sea fuerte tu corazón. Sí, espera al Señor.

Salmo 29

Como final agradable a un salmo un tanto aterrador, David tranquiliza a sus lectores en el versículo 11 diciéndoles que el Dios todopoderoso le dará fuerza a su pueblo. Entender que Dios es omnipotente debería hacer que los creyentes descansaran en una consoladora seguridad de paz.

LA VOZ DEL SEÑOR EN LA TORMENTA

Denle al Señor, hijos de los poderosos. Denle al Señor el poder y la resplandeciente grandeza. 2 Denle al Señor el honor que le corresponde. Adoren al Señor en la hermosura de una vida santa.

3 La voz del Señor está sobre las aguas. Truena el Dios de la resplandeciente grandeza. El Señor está sobre las muchas aguas. 4 La voz del Señor es poderosa. La voz del Señor es grande. 5 La voz del Señor rompe los cedros. Sí, el Señor hace pedazos los altos cedros del Líbano. 6 Hace saltar al Líbano como un ternero, y al Sirión como un becerro salvaje. 7 La voz del Señor envía el rayo. 8 La voz del Señor sacude el desierto. El Señor sacude el desierto de Cades. 9 La voz del Señor hace dar a luz a la cierva y arranca las hojas de los árboles. Y en su santa casa todo proclama: «¡A Dios sea la honra!».

10 El Señor se sentó como Rey sobre la inundación. El Señor se sienta como Rey para siempre. 11 El Señor le dará fuerza a su pueblo. El Señor le dará a su pueblo la paz.

Salmo 31

*A pesar de su condición, David sigue recurriendo a
Dios, que es sistemáticamente su refugio, su roca y su
fortaleza. David es un brillante luchador y estratega,
pero se da cuenta de que no puede hacer nada mejor
en esa situación que encomendarse en las manos
de Dios para evitar un daño potencial.*

ORACIÓN DE CONFIANZA EN DIOS

Oh Señor, en ti he encontrado un refugio seguro. No
sea yo avergonzado jamás. Libérame, porque tú haces
lo que es justo y bueno. 2 Vuelve tu oído hacia mí y
acude pronto a salvarme. Sé mi roca fuerte, una fortaleza donde estar a salvo. 3 Porque tú eres mi roca y mi
refugio seguro. Por el honor de tu nombre, guíame y
muéstrame el camino. 4 Me liberarás de la red que han
escondido para mí. Pues tú eres mi fuerza. 5 Entrego
mi espíritu en tus manos. Me has hecho libre, oh Señor,
Dios de la verdad.

6 Yo odio a los que adoran a los falsos dioses, pero
confío en el Señor. 7 Estaré contento y lleno de alegría
en tu bondad amorosa, pues tú has visto mi sufrimiento. Has conocido la angustia de mi alma. 8 No me has
entregado en manos de los que me odian. Has puesto
mis pies en un lugar espacioso.

9 Muéstrame tu bondad amorosa, oh Señor, porque
estoy en apuros. Mis ojos, mi alma y mi cuerpo se están
debilitando de tristeza. 10 Pues mi vida se debilita con

la aflicción, y mis años con el llanto dentro de mí. Me han abandonado mis fuerzas a causa de mi pecado, y mis huesos se consumen. 11 Por culpa de todos los que me odian, me he convertido en una vergüenza para mis vecinos. Ni siquiera mis amigos quieren estar conmigo. Los que me ven en la calle huyen de mí. 12 Me han olvidado como a un muerto y no piensan en mí. Soy como una vasija rota. 13 Pues he oído a muchos decir cosas para herirme. Hay miedo por todas partes. Planearon juntos contra mí. Pensaron en cómo quitarme la vida.

14 Pero, en cuanto a mí, en ti confío, oh Señor. Yo digo: «Tú eres mi Dios». 15 Mis tiempos están en tus manos. Libérame de las manos de los que me odian y de los que intentan hacerme daño. 16 Haz brillar tu rostro sobre tu siervo. Sálvame en tu bondad amorosa. 17 No dejes que sea yo avergonzado, oh Señor, porque clamo a ti. Sean los pecadores puestos en vergüenza. Que se queden callados en la tumba. 18 Cállense los labios mentirosos, pues hablan con orgullo y odian a los que hacen lo justo y lo bueno.

19 ¡Cuán grande es tu bondad amorosa! La has reservado para los que te temen. Delante de los hijos de los hombres, la muestras a los que confían en ti. 20 Los esconderás en tu secreto de los planes pecaminosos de los hombres. En lo secreto de tu tienda los guardas de los que agreden con su lengua. 21 Al Señor

sean el honor y las gracias, pues me ha mostrado su gran amor por mí cuando estaba en una ciudad rodeada de ejércitos. 22 En mi temor dije: «¡Has cerrado tus ojos ante mí!», pero por tu bondad amorosa escuchaste mi clamor cuando te llamé.

23 ¡Amen al Señor, todos ustedes que le pertenecen! El Señor guarda a los fieles, pero les da a los orgullosos todo su merecido. 24 Sean fuertes. Fortalézcanse en su corazón, todos los que esperan en el Señor.

Salmo 32

*Las personas perversas que no se arrepienten quedan
abandonadas en sus muchos males, pero Dios siempre
proporciona una mejor opción. Tras el pecado, el
arrepentimiento y la confesión, Dios restaura el estado de
justicia de la persona, y la capacita para que vuelva a ser
pura de corazón. Por la misericordia y el perdón de Dios, la
persona está de nuevo ansiosa por regocijarse.*

LA ALEGRÍA DE SER PERDONADO

¡Qué feliz es la persona a quien se le perdona el mal y
cuyo pecado queda cubierto! 2 Cuán feliz es el hombre
a quien el Señor no le echa en cara su pecado y en cuyo
espíritu no hay nada falso.

3 Cuando estuve callado sobre mi pecado, se con-
sumieron mis huesos de tanto llorar todo el día. 4 De
día y de noche tu mano pesaba sobre mí. Se secaron
mis fuerzas como en el caluroso verano. 5 Te confe-
sé mi pecado. No oculté mi ofensa. Dije: «Le contaré
mis pecados al Señor», y tú perdonaste la culpa de mi
pecado. 6 Así que todos los piadosos orarán a ti mientras puedas ser hallado, porque en las inundaciones de
muchas aguas saldrán intactos. 7 Tú eres mi refugio.
Me mantienes a salvo de la aflicción. Me rodean tus
cánticos de liberación.

8 Te mostraré y enseñaré el camino que debes seguir. Pondré mi mirada en ti para decirte qué hacer.

9 No seas como el caballo o como el burro, que no tienen entendimiento. Hay que obligarlos a trabajar con fustas y látigos, si no no vienen a ti. 10 Muchas son las aflicciones de los pecadores, pero el hombre que confía en el Señor estará rodeado de bondad amorosa. 11 ¡Alégrense en el Señor y llénense de gozo, ustedes que son justos ante Dios! ¡Canten con alegría todos los que son puros de corazón!

Salmo 33

El salmo 33 es un hermoso recordatorio de la soberanía de Dios, que merece adoración y alabanza por parte de su pueblo, porque este siempre puede contar con su fidelidad, su rectitud, su justicia y su amor.

CÁNTICO DE ALABANZA

Canten con alegría en el Señor, ustedes los que son justos ante él. Es justo que los puros de corazón lo alaben. 2 Den gracias al Señor con el arpa. Cántenle alabanzas con el arpa de diez cuerdas. 3 Cántenle una nueva canción. Toquen con fuerza sones de alegría. 4 Porque la Palabra del Señor es justa. Él es fiel en todo lo que hace. 5 Dios ama lo que es recto y bueno y lo que es justo. La tierra está llena de la bondad amorosa del Señor.

6 Los cielos fueron creados por la palabra del Señor. Todas las estrellas las creó el aliento de su boca. 7 Él junta las aguas del mar como si las empacara. Coloca las aguas en depósitos. 8 Tema toda la tierra al Señor. Hónrenlo todos los pueblos del mundo. 9 Porque él habló y fue hecho. Habló con severidad y todo se mantuvo firme. 10 El Señor hace desvanecerse los planes de las naciones. Destruye los planes de los pueblos. 11 Los planes del Señor permanecen para siempre. Los planes de su corazón perduran a lo largo del futuro de todos. 12 Dichosa la nación cuyo Dios es el Señor. Dichoso el pueblo que él ha elegido para sí.

13 El Señor mira desde el cielo. Contempla a todos los hijos de los hombres. 14 Desde donde está sentado, mira a todos los que viven en la tierra. 15 Él hizo los corazones de todos ellos y entiende todo lo que hacen. 16 Ningún rey se salva por el poder de su ejército. Un soldado no se salva con una gran fuerza. 17 No se puede confiar en un caballo para ganar una batalla. Su gran fuerza no puede salvar a nadie.

18 Miren, la mirada del Señor está sobre los que le temen, y sobre los que esperan su amorosa bondad, 19 para salvar su alma de la muerte y para mantenerlos con vida cuando no haya nada que comer. 20 Nuestra alma espera al Señor. Él es nuestra ayuda y nuestra segura protección. 21 Nuestro corazón está lleno de gozo en él porque confiamos en su santo nombre. 22 Oh Señor, sea tu amorosa bondad sobre nosotros mientras ponemos nuestra esperanza en ti.

Salmo 34

Los que no tienen ningún otro recurso, pueden siempre clamar a Dios y ser oídos. Y los que busquen y reciban la ayuda de Dios pueden incluso provocar una opinión distinta sobre ellos: evitan la vergüenza experimentada por tantos otros, y su rostro irradia gozo.

LOS QUE CONFÍAN EN DIOS SON FELICES

Honraré al Señor en todo momento. Su alabanza estará siempre en mi boca. 2 Mi alma estará orgullosa de hablar del Señor. Óiganlo los que sufren y llénense de alegría. 3 Honren conmigo al Señor. Alabemos juntos su nombre.

4 Busqué al Señor y él me respondió, y me quitó todos mis temores. 5 Lo miraron y sus rostros resplandecieron de gozo. Sus rostros nunca serán avergonzados. 6 Este pobre clamó y el Señor lo escuchó, y lo libró de todas sus aflicciones. 7 El ángel del Señor se queda cerca de los que le temen, y los saca de la angustia.

8 Oh, prueben y vean que el Señor es bueno. ¡Cuán feliz es el hombre que confía en él! 9 Teman al Señor, todos los que le pertenecen. A los que le temen no les falta nada. 10 Los cachorros de león sufren necesidad y hambre, pero a los que buscan al Señor no les faltará nada bueno. 11 Vengan, hijos, escúchenme. Les enseñaré el temor del Señor. 12 ¿Quién es el hombre que desea vivir, que quiere una vida larga para poder ver

cosas buenas? 13 Guarden su lengua del pecado y sus labios de decir mentiras. 14 Apártense de lo que es pecaminoso. Hagan lo que es bueno. Busquen la paz y síganla.

15 Los ojos del Señor están sobre aquellos que hacen lo que es justo y bueno. Sus oídos están abiertos a su clamor. 16 El rostro del Señor está contra los que pecan. Hará que las gentes de la tierra se olviden de ellos. 17 Los que son justos ante el Señor claman y él los oye, y los libra de todas sus aflicciones. 18 El Señor está cerca de los que tienen el corazón quebrantado y salva a los están quebrantados de espíritu.

19 Un hombre que hace lo que es justo y bueno puede tener muchas aflicciones, pero el Señor lo saca de todas. 20 Mantiene a salvo todos sus huesos. No se rompe ninguno de ellos. 21 El pecado matará al pecador, y los que odian al pueblo de Dios serán considerados culpables y castigados para siempre. 22 El Señor salva el alma de los que trabajan para él. Ninguno de los que confían en él será considerado culpable.

Salmo 37

*En los versículos 12–22, David enumera una serie
de contrastes entre las personas justas y las perversas.
En cada ejemplo específico, con el tiempo, el éxito
aparente de los malvados llega a un final demoledor.
El efecto duradero de todo lo perverso jamás durará.
Sin embargo, para el justo, las bendiciones
de Dios son abundantes y eternas.*

UN LUGAR SEGURO PARA LOS QUE CONFÍAN EN EL SEÑOR

No te alteres por causa de los pecadores. No quieras ser como los que hacen el mal. 2 Pues pronto se secarán como la hierba. Como la planta verde, pronto morirán. 3 Confía en el Señor y haz el bien, así vivirás en la tierra y recibirás tu alimento. 4 Ten tu felicidad en el Señor y él te concederá los deseos de tu corazón. 5 Entrega tu camino al Señor. Confía en él y él lo hará. 6 Él hará que tu rectitud y tu bondad se manifiesten como la luz y tus acciones sabias como el mediodía.

7 Descansa en el Señor y espéralo con buena disposición. No te alteres al ver que todo le va bien al que lleva a cabo sus planes de pecado. 8 No sigas enojado. Deja de luchar. No te molestes. Eso solo lleva a hacer cosas malas. 9 Los que hacen el mal serán quitados de en medio, pero los que esperan al Señor recibirán la tierra. 10 Un poco de tiempo, y el pecador ya no estará.

Buscarás su lugar y no estará allí. 11 Pero los que no son orgullosos recibirán la tierra. Serán felices y tendrán mucho más de lo que necesitan.

12 El pecador planea contra el que es justo ante Dios, y le rechinan los dientes al verlo. 13 El Señor se ríe de él porque ve que su día se acerca. 14 Los pecadores han tomado su espada y su arco para derribar a los pobres y a los necesitados, y para matar a los de recto camino. 15 Su espada cortará su propio corazón y sus arcos serán quebrados.

16 Las pocas cosas que posee el que es justo ante Dios son mejor que las riquezas de muchos pecadores. 17 Pues los brazos de los pecadores serán quebrados, pero el Señor sostiene a los que son justos ante él. 18 El Señor conoce los días de los intachables, y lo que les pertenece durará para siempre. 19 No serán avergonzados en el momento de la angustia, y en la época de escasez tendrán comida suficiente. 20 Pero los pecadores se perderán para siempre. Los que aborrecen al Señor serán como la lozanía de los campos: desaparecerán. Como el humo, desaparecerán. 21 Los pecadores piden algo, pero no lo devuelven, pero los que son justos ante Dios son amables y dan. 22 Pues los que son felices gracias a él recibirán la tierra, pero los que están siendo castigados por él serán quitados de en medio.

23 Los pasos de un hombre bueno los guía el Señor y es feliz en su camino. 24 Cuando caiga, no

quedará postrado, porque el Señor lo sostiene en su mano. 25 He sido joven y ahora soy viejo; sin embargo, nunca he visto desamparado al que es justo ante Dios, ni a sus hijos mendigando pan. 26 Es generoso en todo momento y deja que los demás usen sus cosas, y sus hijos lo hacen dichoso.

27 Apártate del pecado y haz el bien, para que vivas para siempre. 28 Pues el Señor ama lo que es justo y recto. No abandona a los que le pertenecen. Están protegidos para siempre. Pero los hijos de los pecadores serán quitados de en medio. 29 A los que son justos ante Dios se les dará la tierra y vivirán en ella para siempre. 30 La boca del hombre que es justo ante Dios habla sabiduría, y su lengua habla lo que es justo y recto. 31 La ley de su Dios está en su corazón. Sus pasos no se apartan. 32 El pecador acecha al hombre que es justo ante Dios, y quiere matarlo. 33 En su poder, el Señor no lo dejará. No dejará que sea hallado culpable cuando lo juzguen. 34 Espera al Señor, guarda su camino, y él te dará un lugar de prominencia para recibir la tierra. Cuando los pecadores sean quitados de en medio, lo verás.

35 He visto a un hombre muy pecador que se extiende como un árbol verde en su tierra natal. 36 Luego falleció y ya no estaba. Lo busqué, pero no se le podía encontrar. 37 Mira al hombre sin tacha, y mira al que es recto y bueno. Pues el hombre de paz tendrá mucha

familia que lo siga, 38 pero todos los pecadores serán destruidos. La familia de los pecadores será quitada de en medio, 39 pero del Señor es la salvación de los que son justos ante Dios. Él es su fuerza en tiempos de angustia. 40 El Señor los ayuda y los saca de sus aflicciones. Los aleja de los pecadores y los salva, porque buscan en él un refugio seguro.

Salmo 39

David vuelve su atención de nuevo hacia Dios y, haciéndolo, afirma su esperanza en el Señor mientras pide no ser ridiculizado por los necios. Dado que la vida de cada persona es breve, David quiere restaurar su relación con Dios tan pronto como sea posible.

ORACIÓN DE ALGUIEN QUE SUFRE

Dije: «Vigilaré mis caminos para no pecar con mi lengua. Mantendré la boca cerrada, como si la tuviera atada con cuerdas, mientras los pecadores estén cerca de mí». 2 Me quedé callado, no hablé ni para decir algo bueno, y mi pena se agravó. 3 Mi corazón ardía dentro de mí. Mientras pensaba en estas cosas, el fuego ardía. Entonces hablé: 4 «Oh Señor, hazme saber mi fin y cuántos días me quedan. Hazme saber que no me queda mucho para estar aquí. 5 Has dado a cada uno de mis días la extensión de un palmo. Mi vida entera no es nada a tus ojos. Cualquier hombre es, en el mejor de los casos, un mero aliento. 6 El hombre anda aquí y allá como una sombra. Cualquier cosa lo hace quejarse. Acumula riquezas sin saber quién las recogerá.

7 Y ahora, Señor, ¿qué espero yo? Mi esperanza está en ti. 8 Sálvame de todos mis pecados. No dejes que se burlen de mí los necios. 9 No puedo hablar. No abro la boca porque eres tú el causante de esto. 10 No me castigues más. Me estoy debilitando por los golpes

de tu mano. 11 Con palabras afiladas castigas a un hombre por el pecado. Destruyes como a polillas lo que él valora. Desde luego, todo hombre no es más que un suspiro.

12 Oh Señor, oye mi oración y escucha mi clamor. No te quedes callado cuando ves mis lágrimas. Soy para ti un extraño, alguien de paso, como todos mis padres. 13 «Aparta de mí tu mirada, para que pueda recuperar la alegría antes de partir y dejar de existir».

Salmo 40

A Dios no le impresiona la práctica externa de la religión
personal, sacrificios, ofrendas, etc. David comprende que el
Señor prefiere de lejos una relación firme en la que su Palabra
motive el deseo constante de obedecerle y responderle a él.

DIOS GUARDA A LOS SUYOS

No dejé de esperar al Señor, y se volvió hacia mí y oyó
mi clamor. 2 Me sacó del hoyo del peligro, del lodo y el
fango. Puso mis pies sobre una roca, los aseguró. 3 Puso
una nueva canción en mi boca, un cántico de alabanza
a nuestro Dios. Muchos verán y temerán y pondrán su
confianza en el Señor.

4 Dichoso el hombre que ha confiado en el Señor y
no se ha vuelto hacia los orgullosos ni hacia los que siguen la mentira. 5 Oh Señor, Dios mío, muchas son las
grandes obras que has hecho y tus pensamientos hacia
nosotros. ¡No hay quien se pueda comparar contigo!
Si yo hablara y contara de tus obras, serían demasiadas
para enumerarlas.

6 No has querido ofrendas en el altar en la adoración. Me has abierto los oídos. No has querido ofrendas quemadas ni ofrendas para cubrir los pecados.
7 Entonces dije: «Mira, he venido. En el libro está escrito sobre mí. 8 Soy feliz de hacer tu voluntad, oh Dios
mío. Tu ley está dentro de mi corazón».

9 En la gran congregación, ante muchos, he con-
tado las buenas noticias sobre lo que es justo y bueno.

Tú sabes que no cerraré mis labios, oh Señor. 10 No he ocultado tus justicias y bondades en mi corazón. He hablado de cuán fiel eres y de tu poder de salvación. No he ocultado tu bondad amorosa y tu verdad en la gran congregación.

11 Oh Señor, no me ocultarás tu amorosa compasión. Tu bondad amorosa y tu verdad siempre me mantendrán a salvo. 12 Me rodean demasiadas angustias. Mis pecados se han apoderado de mí de tal manera que no puedo ver. Son más que los cabellos de mi cabeza, y a mi corazón lo han abandonado sus fuerzas.

13 Complácete en salvarme, oh Señor. Apresúrate, Señor, a ayudarme. 14 Sean avergonzados y atribulados todos los que quieren destruir mi vida. Sean apartados sin honor los que quieren hacerme daño. 15 Que aquellos que profieren exclamaciones de burla contra mí se llenen de temor por su vergüenza, 16 pero que todos los que te buscan tengan alegría y se gocen en ti. Que los que aman tu poder salvador digan siempre: «¡Al Señor sea la honra!». 17 Puesto que sufro y estoy necesitado, que el Señor piense en mí. Tú eres mi ayuda y el que me libera. Dios mío, no te demores.

Salmo 42

*El versículo 4 indica que al salmista no solo se le
ha impedido asistir a los cultos de adoración, sino
también el tomar parte en el ministerio que tiene
en ellos. El aislamiento y el llanto han sustituido la
comunión, el gozo y la acción de gracias. Con todo,
en el primero de los tres estribillos repetidos (v. 5), se
reprende a sí mismo y se insta a vencer su negativo
estado de ánimo y a depositar su esperanza en Dios.*

ORACIÓN PARA ESTAR EN CASA A SALVO DE NUEVO

Como el ciervo desea ríos de agua, así mi alma te desea a ti, oh Dios. 2 Mi alma tiene sed de Dios, del Dios vivo. ¿Cuándo vendré y me encontraré con Dios? 3 Mis lágrimas han sido mi alimento día y noche, mientras los hombres me dicen todo el día: «¿Dónde está tu Dios?». 4 Recuerdo estas cosas y derramo mi alma dentro de mí. Pues solía ir con muchos y llevarlos a la casa de Dios, con voces de gozo y gratitud, entre la multitud feliz.

5 ¿Por qué estás triste, alma mía? ¿Por qué te has turbado en mi interior? Espera en Dios, porque volveré a alabarlo por su ayuda al estar cerca de mí. 6 Oh, Dios mío, mi alma está turbada en mi interior. Por eso me acuerdo de ti desde la tierra del Jordán y las cimas del Hermón, desde el monte Mizar. 7 El mar llama al

mar con el sonido de tus cascadas. Todas tus olas han pasado sobre mí. 8 De día el Señor enviará su bondad amorosa, y de noche estará conmigo su canción, una oración al Dios de mi vida.

9 Le diré a Dios, a mi Roca: «¿Por qué te has olvidado de mí? ¿Por qué siento el dolor de que los que me odian vengan contra mí con poder?». 10 Como si me partieran los huesos, los que me odian me dirigen palabras cortantes. Todo el día me dicen: «¿Dónde está tu Dios?». 11 ¿Por qué estás triste, alma mía? ¿Por qué te has turbado en mi interior? Espera en Dios, porque todavía lo alabaré, mi ayuda y mi Dios.

Salmo 46

*En la lengua original, la directriz: «Quietos, sepan que
yo soy Dios» no es tanto una sugerencia, sino una orden
enfática. La intención no es: «Quédate quieto y descubrirás la
presencia de Dios», sino más bien: «Deja lo que estés haciendo
en este momento y reconoce quién es Dios».*

DIOS ESTÁ CON NOSOTROS

Dios es nuestro refugio seguro y nuestra fortaleza. Él
siempre es nuestra ayuda cuando estamos en angustia. 2 Así que no tendremos miedo, aunque tiemble la
tierra y las montañas caigan en el centro del mar, 3 y
aunque sus aguas se encrespen con la tormenta y las
montañas sean sacudidas con su acción.

4 Hay un río cuyas aguas alegran la ciudad de Dios,
el santuario donde mora el Altísimo. 5 Dios está en el
centro de ella. La ciudad no será conmovida. Dios la
ayudará cuando llegue la mañana. 6 Las gentes se alte-
raron. Las naciones cayeron. Alzó su voz y la tierra se
derritió. 7 El Señor de todas las cosas está con nosotros.
El Dios de Jacob es nuestra fortaleza.

8 Vengan a ver las obras del Señor. Ha destruido
partes de la tierra. 9 Él detiene las guerras hasta los
confines de la tierra. Rompe el arco y parte en dos la
lanza. Quema los carros de guerra. 10 ¡Quietos, sepan
que soy Dios! Seré honrado entre las naciones. Seré
honrado en la tierra. 11 El Señor de todas las cosas está
con nosotros. El Dios de Jacob es nuestra fortaleza.

Salmo 47

Aunque el salmo 46 se centra exclusivamente en Israel, el salmo 47 aclara de inmediato, en su primer versículo, que todas las naciones deben reconocer a Dios. De hecho, el Dios de Israel es el Señor Altísimo y, a la vez, el gran Rey sobre toda la tierra.

DIOS, EL REY DE LA TIERRA

¡Expresen su felicidad, todos los pueblos! ¡Clamen a Dios con la voz de la alegría! 2 Pues el Señor Altísimo es digno de ser temido. Es un gran Rey sobre toda la tierra. 3 Él somete bajo nosotros a los pueblos, y a las naciones bajo nuestros pies. 4 Él escoge para nosotros lo que ha de ser nuestro, el orgullo de Jacob, a quien ama.

5 Dios ha ascendido con voz fuerte; el Señor, al sonido del cuerno. 6 Canten alabanzas a Dios. Canten alabanzas. Canten alabanzas a nuestro Rey. Canten alabanzas. 7 Pues Dios es el Rey de toda la tierra. Canten alabanzas con un cántico bien compuesto. 8 Dios gobierna sobre las naciones. Dios se sienta en su santo trono. 9 Los gobernantes se han reunido como el pueblo del Dios de Abraham, pues los poderes de la tierra le pertenecen a Dios. Suya es toda la honra.

Salmo 49

*El salmo 49 trata un tema recurrente: la aparente injusticia
de la vida, ya que el rico domina al pobre. Sin embargo,
el salmista pone las cosas en perspectiva explicando que la
muerte es la gran igualadora. Independientemente de lo rica
o sabia que sea la persona, no tiene escapatoria: su final es
tan igual e inevitable como el del pobre y el necio.*

El necio confía en las riquezas

Oigan esto todos. Escuchen, todos los habitantes de
la tierra, 2 pequeños y grandes, ricos y pobres. 3 Mi
boca hablará con sabiduría y los pensamientos de mi
corazón serán llenos de entendimiento. 4 Inclinaré mi
oído a un dicho sabio. Expresaré con el arpa lo que es
difícil de entender.

5 ¿Por qué debo temer en los días de angustia,
cuando me rodea el pecado de los que me aborrecen?
6 Ellos confían en sus riquezas y están orgullosos de
todo lo que tienen. 7 Nadie puede salvar a su hermano.
Nadie puede pagarle a Dios lo suficiente para que lo
salve. 8 Es muy alto el precio para que su alma se salve.
El hombre debe dejar de intentar 9 vivir para siempre
y no ver la tumba.

10 Pues ve que hasta los sabios mueren. Los necios y los que no piensan con sensatez mueren igual y
dejan sus riquezas a otros. 11 En su interior, piensan
que sus casas durarán para siempre, y que los lugares

donde viven durarán para que todos sus hijos los sigan. Han puesto sus propios nombres a sus tierras. 12 Pero el hombre, con todo su honor, no dura. Es como los animales, que mueren.

13 Este es el camino de los insensatos y de los que los siguen y creen en sus palabras. 14 Están, como las ovejas, destinados a la tumba. La muerte será su pastor, y, a la mañana, los que son justos ante Dios gobernarán sobre ellos. Sus cuerpos serán devorados por la tumba, no tienen lugar donde quedarse. 15 Pero Dios liberará mi alma del poder de la tumba porque él me llevará hacia sí.

16 Cuando un hombre se hace rico y su casa crece en grandeza, no temas, 17 porque cuando muera no se llevará nada con él. Su grandeza no descenderá con él. 18 Aunque mientras vive tiene buenas perspectivas sobre sí mismo, y aunque los hombres te alaban cuando te va bien, 19 él irá y se unirá a la familia de sus padres. No verán la luz. 20 El hombre con todo su honor, pero sin entendimiento, es como los animales que mueren.

Salmo 51

*David no solo ora pidiendo un corazón puro, sino
también un espíritu constante y una incesante
consciencia de la presencia de Dios. Tras su doloroso
pecado, desea el gozo de la salvación y la renovación
de su disposición a servir a Dios.*

ORACIÓN DEL PECADOR

Oh Dios, favoréceme, por tu bondad amorosa. Quítame mi maldad, por la grandeza de tu amorosa compasión. 2 Lávame de mi maldad por dentro y por fuera y límpiame de mi pecado. 3 Pues conozco mi maldad, y mi pecado está siempre delante de mí. 4 He pecado contra ti, y solo contra ti. He cometido pecado ante tus ojos. Tú siempre eres justo en lo que dices, y lo eres cuando juzgas.

5 Mira, yo nací en pecado y en él estuve desde el principio. 6 Tú deseas la verdad en lo profundo del corazón, y me harás conocer la sabiduría en lo oculto. 7 Quita mi pecado y quedaré limpio. Lávame y seré más blanco que la nieve. 8 Hazme oír alegría y felicidad. Que los huesos que has roto se llenen de alegría. 9 Esconde tu rostro de mis pecados y quita todas mis malas acciones.

10 Forja un corazón limpio en mí, oh Dios. Dame un nuevo espíritu que no se vaya. 11 No me eches de donde tú estás, y no me quites tu Espíritu Santo.

12 Que el gozo de tu poder salvador regrese a mí, y dame un espíritu dispuesto a obedecerte. 13 Entonces enseñaré a los malvados tus caminos, y los pecadores se volverán hacia ti.

14 Sálvame de la culpa de la sangre, oh Dios. Tú eres el Dios que me salva. Entonces mi lengua cantará con alegría sobre cuán justo y bueno eres. 15 Oh Señor, abre mis labios, para que mi boca te alabe. 16 Porque a ti no te satistace una ofrenda sobre el altar en la adoración, o yo la ofrecería. No te complacen las ofrendas quemadas. 17 Las ofrendas que Dios quiere sobre el altar son un espíritu quebrantado. Oh Dios, tú no aborrecerás un corazón quebrantado y un corazón humilde.

18 Complácete en hacerle bien a Sion. Construye los muros de Jerusalén. 19 Entonces estarás satisfecho con las ofrendas de justicia y bondad en el altar, con ofrendas y holocaustos quemados. Entonces se ofrecerán becerros en tu altar.

Salmo 52

En contraste con el impío, que será arrancado, en el versículo 8 David se compara con un olivo firmemente arraigado, fructífero y esperando tener larga vida. (Los olivos pueden vivir durante siglos). Y, lo más importante, florece en su relación con Dios. Su confianza en él marca toda la diferencia, y promete seguir alabando al Señor y depositando en él su confianza.

CONFÍA EN EL AMOR DE DIOS

¿Por qué te enorgulleces de tus maldades, oh poderoso? La bondad amorosa de Dios dura todo el día. 2 Tu lengua planea destrucción como un cuchillo afilado, mentiroso. 3 Amas más lo malo que lo bueno, y dices más mentiras que verdades. 4 Te encantan las palabras destructoras, oh lengua mentirosa.

5 Pero Dios te destruirá para siempre. Él te tomará y te sacará de tu tienda. Él arrancará tus raíces de la tierra de los vivos. 6 Y los que son justos ante Dios lo verán y temerán. Se reirán de él, diciendo: 7 «Mira, ese es el que no quiso hacer de Dios su refugio seguro, sino que confió en sus muchas riquezas y se esforzó en cumplir su deseo pecaminoso».

8 Pero yo soy como un olivo verde en la casa de Dios. Confío en la bondad amorosa de Dios por siempre y para siempre. 9 Por siempre te daré las gracias por lo que has hecho, y esperaré en tu nombre, porque es bueno estar donde están los que te pertenecen.

Salmo 57

*Los desastres irán y vendrán, y, en los peores momentos,
el mejor lugar en el que uno se puede encontrar es bajo
la sombra de las alas de Dios. El ejército de Saúl está
persiguiendo a David, pero también lo
siguen el amor y la fidelidad de Dios.*

ORACIÓN PIDIENDO AYUDA

Muestra tu bondad y amor hacia mí, oh Dios, muestra tu bondad y amor. Porque mi alma acude a ti para estar a salvo, y a la sombra de tus alas estaré seguro hasta que haya pasado la aflicción. 2 Clamaré al Dios Altísimo, al Dios que completa todas las cosas para mí. 3 Él enviará desde el cielo y me salvará. Avergonzará al que me está quebrando bajo sus pies. Dios enviará su bondad amorosa y su verdad.

4 Mi alma se encuentra entre leones. Debo estar entre los hijos de los hombres que respiran fuego, cuyos dientes son lanzas y flechas, y cuyas lenguas son una espada afilada. 5 Exaltado seas sobre los cielos, oh Dios. Que tu resplandeciente grandeza presida toda la tierra. 6 Han puesto una red a mis pasos. Se me derrumba el alma. Cavaron un hoyo profundo delante de mí, pero cayeron ellos en él.

7 Mi corazón no será conmovido, oh Dios. No puede serlo. ¡Cantaré, sí, cantaré alabanzas! 8 Despierta, mi resplandeciente grandeza. Despierten, arpas. Me levantaré temprano en la mañana. 9 Oh Señor, te daré

gracias entre los pueblos. Te cantaré alabanzas entre las naciones. 10 Pues tu bondad amorosa es grande, hasta los cielos; y tu verdad, hasta las nubes. 11 Exaltado seas sobre los cielos, oh Dios. Que tu resplandeciente grandeza presida toda la tierra.

Salmo 61

En el versículo 3, el salmista es capaz de confiar en Dios durante esta crisis porque él siempre le ha sido fiel en sus anteriores momentos de aflicción. Desea tener una sensación más permanente de cercanía con Dios con la protección del santuario divino y de la presencia personal del Señor.

UN REFUGIO SEGURO EN DIOS

Oye mi clamor, oh Dios. Escucha mi oración. 2 Desde los confines de la tierra, cuando mi corazón está débil, clamo a ti. Llévame a la roca que es más alta que yo. 3 Porque tú has sido un refugio seguro para mí, una torre fuerte donde estoy a salvo de los que pelean contra mí. 4 Déjame vivir en tu tienda para siempre. Déjame estar a salvo bajo la cubierta de tus alas. 5 Pues tú has oído mis promesas, oh Dios. Me has dado lo que das a los que temen tu nombre. 6 Tú añadirás días a la vida del rey. Su vida será tan larga como si sumara las de muchos hijos y nietos. 7 Estará para siempre con Dios. Él dedica bondad amorosa y verdad para mantenerlo a salvo. 8 Por eso cantaré con gratitud a tu nombre para siempre y cumpliré mis promesas cada día.

Salmo 62

Las personas tienden a buscar la riqueza, y muchos recurren
con desesperación a medios deshonestos (incluidos el robo
y la extorsión) para conseguirla. Con todo, las posesiones
acumuladas de una persona no proporcionan ninguna
seguridad a largo plazo. El corazón del individuo debería
permanecer en Dios y en ningún otro.

AGRADECIDO POR EL CUIDADO DE DIOS

Mi alma está tranquila y espera solo en Dios. Él es el que me salva. 2 Solo él es mi roca y el que me salva. Él es mi fortaleza. No seré sacudido.

3 ¿Hasta cuándo irán todos ustedes contra un hombre para derribarlo, para matarlo, como a una pared que ya no se mantiene, como a una valla a punto de caer? 4 Solo han hablado de arrojarlo desde su altura. Disfrutan con las mentiras. En sus oraciones piden que llegue el bien, pero por dentro esperan que en realidad venga el mal.

5 Mi alma está tranquila y espera solo en Dios. Mi esperanza viene de él. 6 Solo él es mi roca y el que me salva. Él es mi fortaleza. No seré sacudido. 7 Mi seguridad y mi honor descansan con Dios. Mi refugio seguro está en Dios, la roca de mi fortaleza. 8 Confíen en él en todo momento, oh pueblos. Derramen su corazón ante él. Dios es un refugio seguro para nosotros.

9 Los que no son importantes no llegan a nada. Los que son importantes son una mentira. En la balanza,

no pesan nada. Aunque los juntes pesan menos que un suspiro. 10 No recibas el dinero de mala procedencia ni te enorgullezcas de las cosas robadas. Si consigues más riquezas, no pongas tu corazón en ellas.

11 Dios ha hablado una vez. Yo he escuchado esto dos veces: El poder le pertenece a Dios. 12 Y a ti, oh Señor, te pertenece la bondad amorosa. Pues tú pagas a cada uno por la obra que ha hecho.

Salmo 63

En el versículo 1, David compara su anhelo por Dios con la sed de un hombre que vaga por un desierto seco, desesperado por agua. Para muchas personas, el deseo de Dios es algo casual y ocasional; para David, es cuestión de vida o muerte.

DAR GRACIAS A DIOS

Oh Dios, tú eres mi Dios. Te buscaré con todo mi corazón y mis fuerzas. Mi alma tiene sed de ti. Mi carne desfallece por ti en una tierra seca y exhausta donde no hay agua. 2 Así que te he visto en el santuario, y he visto tu poder y tu resplandeciente grandeza. 3 Mis labios te alabarán porque tu bondad amorosa es mejor que la vida. 4 Así que te tributaré honor mientras viva. Alzaré mis manos en tu nombre. 5 Mi alma se saciará como de ricos alimentos, y mi boca te alaba con labios de alegría.

6 En mi cama me acuerdo de ti. Pienso en ti durante las horas de la noche. 7 Pues tú has sido mi ayuda, y a la sombra de tus alas canto de gozo. 8 Mi alma se aferra a ti. Tu diestra me sostiene.

9 Pero aquellos que quieran quitarme la vida y destruirla irán a lo profundo de la tierra. 10 Serán entregados al poder de la espada. Se convertirán en alimento para los zorros. 11 Pero el rey se llenará de alegría en Dios. Todos los que son fieles a Dios se llenarán de alegría, pues se pondrá fin a la boca de los que hablan mentiras.

Salmo 65

El control de Dios se extiende hasta los mares más remotos y las montañas más poderosas del mundo; lo mismo ocurre con el caos entre las naciones. El salmista comprende que uno llega tan lejos como puede, en una misma dirección, y el sol sale. Si se dirige en la dirección contraria, hasta lo más remoto, el sol se pone. En todo ese periodo de tiempo, las personas deberían notar y reverenciar las obras de Dios y responder con gozo.

EL FAVOR DE DIOS HACIA LA TIERRA Y EL HOMBRE

Todo callará ante ti, y para ti es la alabanza, oh Dios, en Sion, y se cumplirá lo que hemos prometido. 2 Oh, tú que escuchas la oración, a ti vienen todos los hombres. 3 Mis pecados se enfrentan a mí con fuerza, pero tú perdonas nuestros pecados. 4 Dichoso aquel a quien tú eliges y acercas a ti para vivir en tu santuario. Nos saciaremos de las bondades de tu casa, tu santa casa.

5 Oh, Dios que nos salvas, tú nos respondes con justicia y bondad con tus grandes obras que hacen temer a los pueblos. Tú eres la esperanza de todos los confines de la tierra y de los mares más lejanos. 6 Con tu fuerza has construido las montañas. Estás vestido con poder. 7 Tú calmas la tormenta de los mares, el estruendo de sus olas y el bullicio de las gentes. 8 Los que viven lejos temen tus grandes obras. Haces que la mañana y la noche invoquen el gozo.

9 Visitas la tierra y la riegas. La llenas de abundancia. El río de Dios está lleno de agua. Le das a las personas grano cuando has preparado la tierra. 10 Riegas por donde ha pasado el arado. Cubres las semillas con tierra. Ablandas el terreno con la lluvia y haces crecer las plantas. 11 Coronas el año con tus buenas dádivas. Donde tú has estado hay más que suficiente. 12 Los campos del desierto están llenos de agua y los montes se visten de alegría. 13 Los prados están repletos de pájaros y los valles están cubiertos de grano. Gritan de alegría y cantan.

Salmo 66

El pueblo del salmista había atravesado algún tiempo de dificultad, incluidas la cárcel, la derrota y otras pruebas. Pero en lugar de desalentarse por tales experiencias, él entiende que, sencillamente, ha sido un tiempo de pulido. Como cuando se hace pasar el metal precioso por intenso calor para eliminar cualquier impureza.

CANCIÓN DE ALABANZA Y AGRADECIMIENTO A DIOS

¡Alcen voces de alegría a Dios, toda la tierra! 2 ¡Canten el honor de su nombre! ¡Engrandezcan su alabanza! 3 Digan a Dios: «¡Cómo sobrecogen tus grandes obras a los que te odian! Tendrán que obedecerte por tu gran poder. 4 Toda la tierra te adorará y te cantará alabanzas. Cantarán alabanzas a tu nombre».

5 Vengan a ver lo que Dios ha hecho. Sus grandes obras causan gran temor a los hijos de los hombres. 6 Transformó el mar en tierra firme. Atravesaron el río a pie. Allá rebosábamos de alegría en él. 7 Él gobierna para siempre por su poder. Con su mirada vigila a las naciones. No permitas que los que no te obedecen se honren a sí mismos.

8 ¡Honren a Dios y denle gracias, oh pueblo, y oigan todos cuán grande es él! 9 Él nos mantiene con vida y no permite que tropiecen nuestros pies. 10 Pues tú nos has probado, oh Dios. Nos has purificado como

se purifica la plata. 11 Nos has metido en la red, y pusiste una pesada carga sobre nuestra espalda. 12 Hiciste que pasaran hombres sobre nuestras cabezas. Pasamos por el fuego y el agua, pero nos has llevado a un lugar donde tenemos mucho más de lo que necesitamos. 13 entraré en tu casa con ofrendas quemadas. Te daré lo que prometí, 14 las promesas que salieron de mis labios y mi boca cuando estaba en angustia. 15 Te traeré ofrendas quemadas de animales engordados con el humo de los carneros. Te ofreceré toros y machos cabríos.

16 Vengan y oigan, todos los que temen a Dios, y les diré lo que ha hecho por mí. 17 Clamé a él con mi boca y le alabé con mi lengua. 18 El Señor no me escuchará si abrazo el pecado en mi corazón. 19 Pero no hay duda de que Dios ha oído. Ha escuchado la voz de mi oración. 20 ¡A Dios sean la honra y la gratitud! No ha desechado mi oración ni me ha ocultado su amorosa bondad.

Salmo 67

*Lo ideal es que la alabanza no se limite a Israel.
En los versículos 3–4, el salmista quiere que todas las
naciones alaben a Dios, que es justo regidor de su pueblo y
guía para todas las naciones. Y, por si la invitación inicial del
salmista no bastara, la repite de nuevo en el versículo 5.*

LAS NACIONES ALABAN A DIOS

Que Dios nos muestre su bondad amorosa y nos haga bien. Que haga brillar su rostro sobre nosotros. 2 Que sea conocido tu camino en la tierra, y tu poder salvador entre todas las naciones. 3 Que los pueblos te alaben, oh Dios. Que todos los pueblos te alaben. 4 Que se alegren las naciones y canten de alegría. Pues tú serás justo cuando juzgues a los pueblos y gobiernes a las naciones de la tierra. 5 Que los pueblos te alaben, oh Dios. Que todos los pueblos te alaben. 6 La tierra ha dado su fruto. Dios, nuestro Dios, nos traerá el bien. 7 Dios nos traerá el bien, y todos los confines de la tierra lo temerán.

Salmo 71

*El salmista, que habla con la sabiduría de la edad, sigue
depositando su esperanza en Dios. Todavía no ha descubierto
la extensión plena de la justicia y la salvación de Dios, pero
ha visto más que suficiente para
proclamar la bondad divina a otros.*

ORACIÓN DE UN ANCIANO

Tengo un refugio seguro en ti, oh Señor. No sea yo avergonzado jamás. 2 Puesto que tú eres justo y bueno, sácame de la aflicción. Vuelve tu oído hacia mí y sálvame. 3 Sé tú mi roca donde yo viva, a la que siempre pueda acudir y donde esté a salvo. Pues tú eres mi roca y mi refugio seguro. 4 Oh Dios mío, líbrame de la mano del pecador, de la mano del malvado y del hombre sin piedad. 5 Pues tú eres mi esperanza, oh Señor. Eres mi confianza desde que era joven. 6 Me has guardado desde mi nacimiento. Fuiste tú quien me cuidó desde el día en que nací. Mi alabanza es siempre para ti.

7 Me he convertido en motivo de asombro y sorpresa para muchos. Pues tú eres mi fuerte refugio. 8 Mi boca está llena de tus alabanzas y de tu honor todo el día. 9 No me dejes atrás cuando sea viejo. No me dejes solo cuando me haya quedado sin fuerzas. 10 Pues los que me odian hablan contra mí. Los que quieren matar planifican juntos. 11 Dicen: «Dios lo ha desechado. Deprisa, agárrenlo, porque no hay nadie que lo libre de la aflicción».

12 ¡Oh Dios, no te alejes de mí! ¡Oh Dios mío, apresúrate a ayudarme! 13 Sean avergonzados y destruidos los que están contra mí. Queden deshonrados y cubiertos de vergüenza los que quieren hacerme daño. 14 Pero, en cuanto a mí, siempre tendré esperanza y te alabaré cada día más. 15 Mi boca contará cuán justo y bueno eres y cómo obras para salvación todo el día. Pues hay más de lo que puedo saber. 16 Vendré con la fuerza del Señor. Contaré cuán justo y bueno eres tú, solo tú.

17 Oh Dios, desde que era joven me has enseñado, y sigo hablando de tus grandes obras. 18 Aun cuando sea anciano y canoso, oh Dios, no me dejes solo. Permite que cuente sobre tu poder a todos los vivientes, y sobre tu poder a todos los que vendrán. 19 Oh Dios, tú eres justo y bueno, como son altos los cielos. Has hecho grandes cosas, oh Dios. ¿Quién hay como tú? 20 Me has causado aflicciones abundantes y de todo tipo, pero volverás a fortalecerme, y volverás a levantarme desde las profundidades de la tierra. 21 Aumenta mi grandeza y vuélvete para consolarme.

22 Oh, Dios mío, te alabaré con el arpa. Alabaré tu verdad. Te cantaré alabanzas con arpas diversas, oh Santo de Israel. 23 Mis labios gritarán de alegría cuando te cante alabanzas. Has librado mi alma. 24 Mi lengua contará cuán justo y bueno eres todo el día. Pues los que quieren dañarme son avergonzados y afligidos.

Salmo 75

*La conexión entre la cercanía del nombre de Dios y que
las personas hablen de sus obras puede entenderse de dos
maneras. Tal vez significa que quienes adoran el nombre
de Dios empiezan a hablar, naturalmente, de las grandes
cosas que ha hecho. O tal vez es al revés: todos los que
recuerdan las maravillosas acciones de Dios no pueden
más que dar gracias porque él permanezca tan cerca.*

DIOS DERRIBA A LOS ORGULLOSOS Y LEVANTA A LOS QUE LOS QUE SON JUSTOS ANTE ÉL

Te damos gracias, oh Dios. Te damos gracias porque tu nombre está cerca. Los hombres cuentan las grandes cosas que has hecho. 2 Tú dices: «Cuando llegue el momento adecuado, seré justo y recto en mi decisión sobre quién es culpable o no. 3 Cuando tiemblen la tierra y todos sus habitantes, seré yo quien la mantenga unida. 4 Al orgulloso le dije: "No hables con orgullo". Y al pecador: "No levante el cuerno. 5 No levantes el cuerno. No hables con orgullo"».

6 Pues el honor no viene del este ni del oeste ni del desierto, 7 sino que es Dios el que decide. Él humilla a uno y trae respeto a otro. 8 Pues hay una copa en la mano del Señor. Está llena de vino fuerte bien mezclado. Él la vierte y todos los pecadores de la tierra deben beberla al completo.

9 Pero, en cuanto a mí, lo contaré por siempre. Cantaré alabanzas al Dios de Jacob. 10 Él cortará todos los cuernos de los pecadores, pero los cuernos de los que son justos ante Dios serán levantados.

Salmo 77

Con renovado entusiasmo, el salmista empieza a recordar una de las mayores liberaciones de Dios: el éxodo del pueblo hebreo desde Egipto. No había sombra de duda: Dios había estado con su pueblo. Por tanto, cualquier duda sobre Dios está infundada. Él sigue siendo un Dios de poder y amor que liberará a su pueblo.

CONSUELO EN TIEMPOS DE ANGUSTIA

Mi voz se eleva hacia Dios, y voy a clamar. Mi voz se eleva a Dios y él me escuchará. 2 Miré al Señor cuando estaba en angustia. Extendí mi mano de noche y no se fatigó. Mi alma no iba a recibir consuelo. 3 Cuando me acuerdo de Dios, me aflijo. Cuando pienso con intensidad, mi espíritu se debilita. 4 Tú evitas que mis ojos se cierren. Estoy tan afligido que no puedo hablar. 5 He pensado en los días de antaño, en los años remotos. 6 Me acuerdo de mi cántico en la noche. Pienso con el corazón, y mi espíritu hace preguntas.

7 ¿Se apartará el Señor para siempre? ¿No volverá a mostrar su favor jamás? 8 ¿Se ha detenido su bondad amorosa para siempre? ¿Ha llegado a su fin su promesa para siempre? 9 ¿Se ha olvidado Dios de mostrar su amor y bondad? ¿Se ha deshecho con ira de su amorosa compasión? 10 Entonces dije: «Mi pesar es que la diestra del Altísimo haya cambiado».

11 Recordaré las cosas que el Señor ha hecho. Sí, recordaré las poderosas obras de mucho tiempo atrás.

12 Pensaré en toda tu obra y tendré en cuenta todas las grandes cosas que has hecho. 13 Oh Dios, santo es tu camino. ¿Qué dios es tan grande como nuestro Dios? 14 Tú eres el Dios que hace grandes obras. Has mostrado tu poder entre los pueblos. 15 Has liberado a tu pueblo, los hijos de Jacob y José, con tu brazo fuerte.

16 Las aguas te vieron, oh Dios. Las aguas te vieron y se estremecieron. El mar también tembló. 17 Las nubes derramaron agua. El cielo tronó. Tus flechas de rayos cayeron aquí y allá. 18 El estruendo de tu trueno estaba en el torbellino. El rayo alumbró el mundo. La tierra tembló. 19 Tu camino atravesó el mar. Tus sendas atravesaron las imponentes aguas, y es imposible saber dónde pisaste. 20 Guiaste a tu pueblo como un rebaño por medio de Moisés y Aarón.

Salmo 84

Después de que alguien haya experimentado una rica y gratificante relación con Dios, su perspectiva de la vida cambia. El salmo 84 es una expresión de anhelo por parte del salmista de estar y de permanecer cerca de Dios.
Los primeros versículos parecen centrarse en el edificio del templo con sus atrios, aunque hacia el final del salmo queda claro que es la presencia de Dios mismo la que el escritor desea.

Anhelo por la casa de Dios

¡Cuán hermosos son los lugares donde vives, oh Señor de todo! 2 Mi alma desea y hasta desfallece por el deseo de estar en la casa del Señor. Mi corazón y mi carne cantan de alegría al Dios vivo. 3 Incluso el pájaro ha encontrado un hogar. La golondrina ha encontrado un nido para sí donde poner a sus crías en tus altares, oh Señor de todo, mi Rey y mi Dios. 4 ¡Cuán dichosos son los que viven en tu casa! Siempre te están dando las gracias.

5 ¡Cuán dichoso es el hombre cuya fuerza está en ti y en cuyo corazón están los caminos a Sion! 6 Al pasar por el seco valle de Baca, lo convierten en un lugar de agua abundante. La lluvia temprana también llena de bien los estanques. 7 Van de poder en poder. Cada uno de ellos está ante Dios en Sion.

8 Oh Señor, Dios de todo, oye mi oración. Escucha, oh Dios de Jacob. 9 Mira a quien nos protege, oh

Dios, y mira el rostro de tu elegido. 10 Pues un día en tu casa es mejor que mil afuera. Prefiero ser el que abre la puerta de la casa de mi Dios que vivir en las tiendas de los pecadores. 11 Porque Dios el Señor es sol y protección. El Señor concede favor y honra. No oculta nada bueno a los que andan por el camino correcto. 12 ¡Oh, Señor de todo, cuán dichoso es el hombre que confía en ti!

Salmo 86

Como Dios ha sido lento para enojarse con David en el pasado, tal vez el salmista puede entender por qué no condena de inmediato a otros que se comportan de forma pecaminosa. Por ello, en lugar de pedir la rápida eliminación de sus enemigos, David le pide a Dios que haga algo bueno para él y que ellos puedan verlo; tal vez se avergüencen y se arrepientan. Mientras tanto, David confía en la fuerza, la liberación, la ayuda y el consuelo divinos.

ORACIÓN PIDIENDO AYUDA

Escucha, Señor, y respóndeme, porque estoy sufriendo y en necesidad. 2 Protege mi vida, pues te soy fiel. Tú eres mi Dios. Salva a tu siervo que confía en ti. 3 Muéstrame tu bondad amorosa, oh Señor, pues clamo a ti todo el día. 4 Trae alegría a tu siervo, pues a ti elevo mi alma, oh Señor. 5 Pues tú eres bueno y estás dispuesto a perdonar, oh Señor. Eres rico en bondad amorosa con todos los que claman a ti. 6 Escucha mi oración, oh Señor. Oye mi grito pidiendo ayuda. 7 Clamaré a ti el día de mi angustia, porque tú me responderás. 8 No hay nadie como tú entre los dioses, oh Señor, y no hay obras como las tuyas. 9 Todas las naciones que has creado vendrán y adorarán ante ti, oh Señor, y rendirán honor a tu nombre. 10 Pues tú eres grande y haces grandes cosas. Solo tú eres Dios.

11 Enséñame tu camino, oh Señor. Caminaré en tu verdad. Que mi corazón tema tu nombre. 12 Oh

Señor, Dios mío, te daré gracias con todo mi corazón. Honraré tu nombre para siempre. 13 Pues tu bondad amorosa hacia mí es grande, y has salvado mi alma del fondo de la tumba.

14 Oh Dios, unos hombres orgullosos han venido contra mí. Un grupo de guerreros quiere quitarme la vida, y no piensan en ti. 15 Pero tú, oh Señor, eres un Dios lleno de amor y compasión. Eres lento para la ira y rico en bondad amorosa y verdad. 16 Vuélvete hacia mí y muéstrame tu bondad amorosa. Dale tus fuerzas a tu siervo, y salva al hijo de tu sierva. 17 Dame algo especial de tu favor para que lo vea. Entonces los que me odian podrán verlo y avergonzarse. Pues tú, oh Señor, me has ayudado y consolado.

Salmo 89

El mensaje positivo del versículo 52 no forma parte del salmo. Este versículo final es una doxología insertada a modo de conclusión para el Libro III. Siguiendo el lamento que pone fin al salmo 89, es un añadido que se agradece.

LA PROMESA DE DIOS A DAVID

Cantaré la bondad amorosa del Señor por siempre. Daré a conocer con mi boca cuán fiel eres con todos los pueblos. 2 Pues dije: «La bondad amorosa será edificada para siempre. Darás a conocer en los cielos cuán fiel eres».

3 Dijiste: «He hecho un pacto con mi elegido. Se lo he prometido a David, tu siervo. 4 Haré que tu simiente se perpetúe para siempre. Edificaré tu trono para todos los hijos venideros».

5 Oh Señor, los cielos alabarán tus grandes obras y cuán fiel eres en la reunión de los santos. 6 Pues ¿quién en los cielos es como el Señor? ¿Quién entre los hijos de los poderosos es como el Señor? 7 A Dios se le honra con temor en la reunión de los santos. Se le honra con temor por encima de todos los que le rodean. 8 Señor, Dios de todo, poderoso Señor, ¿quién es como tú? Todo a tu alrededor nos hace ver lo fiel que eres. 9 Tú gobiernas sobre el mar bravío. Cuando se elevan sus olas, tú las calmas. 10 Has aplastado a Rajab como si estuviera muerto. Has destruido con tu poderoso brazo a los que te odian.

11 Tuyos son los cielos y tuya es la tierra. Has creado el mundo y todo lo que hay en él. 12 Has hecho el norte y el sur de la nada. El Tabor y el Hermón exclaman gozosos a tu nombre. 13 Tienes un brazo fuerte. Tu mano es poderosa. Tu diestra recibe honor. 14 Tu trono se asienta sobre lo justo y recto. La bondad amorosa y la verdad te preceden. 15 ¡Cuán dichosos son los que conocen el sonido de la alegría! Andan a la luz de tu rostro, oh Señor. 16 Rebosan de gozo en tu nombre todo el día, y estando a tu lado se sienten honrados. 17 Pues tú eres la resplandeciente grandeza de su poder, y por tu favor se levanta nuestro cuerno. 18 Pues nuestra protección viene del Señor, y nuestro rey le pertenece al Santo de Israel.

19 Una vez hablaste en un sueño especial a tus fieles, diciendo: «He ayudado a un poderoso. He honrado a un elegido de entre el pueblo. 20 He hallado a David, tu siervo. He derramado sobre él mi aceite santo. 21 Mi mano estará con él, y mi brazo le dará fuerza. 22 No lo engañarán los que lo odian. Ningún pecador le causará problemas. 23 Pero él me verá aplastar a los que luchan contra él. Mataré a los que lo odian. 24 Seré fiel y mi bondad amorosa estará con él, y en mi nombre se hará grande. 25 Pondré su mano sobre el mar también, y su diestra sobre los ríos. 26 Él clamará a mí: "Tú eres mi Padre, mi Dios, y la roca que me salva". 27 Haré también que sea mi primogénito, el más alto de los reyes

de la tierra. 28 Lo tendré bajo mi bondad amorosa para siempre, y mi pacto con él se hará fuerte. 29 Haré que su simiente perdure para siempre, y su trono durará tanto como el cielo.

30 »Si sus hijos dejan mi ley y no hacen lo que digo, 31 y si violan mis leyes y no obedecen mi palabra, 32 castigaré con vara su pecado, y su maldad con látigo. 33 Pero no apartaré de él mi bondad amorosa. Siempre le seré fiel. 34 No romperé mi pacto, ni cambiaré lo que dijeron mis labios. 35 Ya lo he prometido por mi santo nombre, no le mentiré a David. 36 Su simiente perdurará para siempre, y su trono estará ante mí tanto tiempo como el sol. 37 Durará para siempre como la luna, que siempre está visible en el cielo».

38 Pero has desechado y despreciado a tu elegido. Te has llenado de ira contra él. 39 Has aborrecido el pacto con tu siervo. Has ensuciado en el polvo su corona. 40 Has derribado todos sus muros. Has destruido sus fortalezas. 41 Todos cuantos pasan por el camino le roban. Ha llegado a ser una vergüenza para sus vecinos. 42 Has honrado la diestra de los que luchan contra él. Has hecho que todos los que lo odian se alegren. 43 Has dejado romo el filo de su espada, y no lo has defendido en la batalla. 44 Has puesto fin a las muestras de su grandeza, y has arrojado al suelo su trono. 45 Lo has envejecido antes de tiempo y lo has cubierto de vergüenza.

46 ¿Hasta cuándo, Señor? ¿Te esconderás para siempre? ¿Arderá tu ira como el fuego? 47 Recuerda lo rápido que pasa mi vida. Has creado a todos los hombres para nada. 48 ¿Qué hombre puede vivir y no ver muerte? ¿Acaso puede salvarse del poder de la tumba?

49 Oh Señor, ¿dónde está la bondad amorosa que solías tener y que le prometiste a David en fe? 50 Oh Señor, acuérdate de la vergüenza que pasan los que trabajan para ti. Recuerda cómo llevo junto a mi corazón la vergüenza de todas las naciones. 51 Los que te odian nos han avergonzado, Señor. Han avergonzado los pasos de tu elegido.

52 ¡Alabado sea el Señor por siempre! Que así sea.

Salmo 90

Si la vida humana no es más que un día dentro de la estructura divina del tiempo, entonces que empiece la mañana con el infalible amor de Dios, cuyo resultado es gozo y felicidad duraderos.

DIOS ES ETERNO; LA BREVEDAD DE LA VIDA DEL HOMBRE

Señor, tú has sido el lugar de consuelo de todos en todo tiempo. 2 Antes de que nacieran las montañas, antes de que dieras a luz a la tierra y al mundo, por siempre y para siempre, tú eres Dios.

3 Vuelves a convertir al hombre en polvo y dices: «Vuelvan, hijos de los hombres». 4 Pues a tus ojos mil años son como el ayer que pasó, o como las horas de la noche. 5 Te llevas por delante a los hombres como en una inundación. Se quedan dormidos. Por la mañana son como la hierba nueva que sale. 6 Crece bien por la mañana, pero se seca y muere por la tarde.

7 Pues nos ha quemado tu ira. Por causa de tu ira estamos angustiados y temerosos. 8 Has puesto nuestras malas acciones ante ti, nuestros pecados secretos ante tu rostro. 9 Pues todos nuestros días pasan bajo tu ira. Terminamos nuestros años con un gemido. 10 Los días de nuestra vida son setenta años, u ochenta si tenemos fuerzas. Sin embargo, los mejores años se van en trabajo duro y dolores. Pronto ya no estarán y nos

iremos volando. 11 ¿Quién entiende el poder de tu ira? Tu ira es tan grande como el temor que debería infundirnos tu presencia. 12 Enséñanos a entender cuántos días nos quedan. Así tendremos un corazón de sabiduría para darte.

13 Regresa, oh Señor. ¿Hasta cuándo será esto? Ten piedad de los que trabajan para ti. 14 Llénanos por la mañana de tu bondad amorosa. Cantemos de alegría y alegrémonos todos los días. 15 Alégranos por tantos días como nos has hecho sufrir, y por los años que hemos visto aflicciones. 16 Muéstrese tu obra a tus siervos, y muéstrese tu maravillosa grandeza a tus hijos. 17 Que el favor del Señor nuestro Dios sea sobre nosotros, y haz que la obra de nuestras manos se mantenga fuerte. Sí, haz que la obra de nuestras manos se mantenga fuerte.

Salmo 91

*Dios ama a las personas, y algunas escogen devolver su
amor, impulsando el rescate y la protección divinas. Cuando
claman a Dios, él responde. Cuando golpea la aflicción,
él los libera. Y, como resultado, estas personas tienden a
experimentar vidas más largas y satisfactorias.*

EL SEÑOR, EN QUIEN CONFIAMOS

El que vive en el refugio seguro del Altísimo estará a
la sombra del Todopoderoso. 2 Diré al Señor: «Tú eres
mi fuerte y seguro refugio, Dios mío, en quien confío».
3 Pues es él quien te saca de la trampa y de la enfermedad mortal. 4 Él te cubrirá con sus alas, y bajo sus
alas estarás seguro. Él es fiel como una muralla fuerte
y protectora.

5 No temerás a las angustias de la noche, ni a la
flecha que vuela de día. 6 No temerás la enfermedad
que anda en la oscuridad, ni la aflicción destructora al
mediodía. 7 Mil pueden caer a tu lado, y diez mil a tu
derecha, pero la aflicción destructora no se acercará a
ti. 8 Tú solo mirarás con tus ojos, y verás cómo son
castigados los pecadores. 9 Pues has hecho del Señor
tu refugio seguro, y del Altísimo el lugar donde moras,
10 nada te dañará. Ningún problema se acercará a su
tienda.

11 Pues él les dirá a sus ángeles que te cuiden y te
guarden en todos tus caminos. 12 Ellos te sostendrán

en sus manos. Para que tu pie no se lastime contra una piedra. 13 Andarás por encima del león y la serpiente. Aplastarás bajo tus pies al cachorro de león y a la serpiente.

14 Puesto que me ha amado, lo libraré de la aflicción. Lo colocaré en un lugar seguro en alto porque ha conocido mi nombre. 15 Él me llamará y yo le responderé. Estaré con él en la angustia. Lo sacaré de su aflicción y lo honraré. 16 Lo complaceré con una larga vida y le mostraré mi poder salvador.

Salmo 92

La expresión poética del escritor puede resultar confusa a los oídos modernos. La idea del versículo 2 no consiste en separar el amor de Dios de su fidelidad ni en apartar tiempos distintos para reconocer cada una de estas cosas.
Más bien diríamos que el amor y la fidelidad divinos están entretejidos, y que las personas deberían proclamar ambas cosas todo el tiempo (mañana y noche).

Un cántico de alabanza

Es bueno dar gracias al Señor y cantar alabanzas a tu nombre, oh Altísimo. 2 Es bueno hablar de tu bondad amorosa por la mañana, y por la noche de cuán fiel eres, 3 con arpas y con música de alabanza. 4 Pues me has alegrado con lo que has hecho, oh Señor. Cantaré de gozo por las obras de tus manos.

5 ¡Cuán grandes son tus obras, oh Señor! ¡Cuán profundos son tus pensamientos! 6 El hombre que no puede razonar no aprende mucho. El necio no entiende esto. 7 Aunque los pecadores crezcan como la hierba y todo les vaya bien a los malvados, serán destruidos para siempre. 8 Pero tú, Señor, gobiernas desde tus alturas para siempre. 9 Pues, mira, los que te odian estarán lejos de ti para siempre, oh Señor. Todos los que hacen el mal serán destruidos.

10 Pero tú has levantado mi cuerno como el de un toro salvaje. He sido ungido con aceite nuevo. 11 Mis

ojos han visto a los que esperan para hacerme daño. Mis oídos oyen a los malvados que se levantan contra mí. 12 El hombre que es justo y bueno crecerá como la palmera. Crecerá como un árbol alto del Líbano. 13 Plantados en la casa del Señor, crecerán en la casa de nuestro Dios. 14 Seguirán dando frutos cuando sean viejos. Estarán llenos de vida y fuerza. 15 Y mostrarán que el Señor es fiel. Él es mi roca. No hay nada en él que no sea justo y bueno.

Salmo 93

Independientemente de las diversas formas de gobierno humano, la verdad de la cuestión se encuentra en el versículo 1: El Señor reina. Los monarcas humanos pueden ser identificados por su forma de vestir; la vestidura real de Dios es su majestad. No necesita más arma que su propia fuerza. Su reino (el mundo) es inconmovible. Su derecho a reinar está establecido desde la eternidad; siempre ha existido y siempre existirá.

DIOS ES REY

El Señor reina. Está vestido de gran poder. El Señor se ha vestido de fuerza. Sin duda, el mundo está hecho para permanecer. No será conmovido. 2 Tu trono está establecido desde mucho tiempo atrás. Tú siempre has existido. 3 Las inundaciones han crecido, oh Señor. Las inundaciones han elevado su voz. Las inundaciones levantan sus olas. 4 El Señor en lo alto es más poderoso que el sonido de muchas aguas y que las poderosas olas del mar. 5 Tu Palabra es muy segura. Oh Señor, tu casa es santa por siempre.

Salmo 95

Para cualquiera que haya recibido una educación monoteísta, los versículos 3-6 pueden parecer declaraciones obvias: Dios gobierna las alturas y las profundidades, las tierras y los mares de todo el mundo. Sin embargo, este concepto habría resultado desconcertante para muchas de las naciones que rodeaban a Israel, y que tenían dioses de los montes, dioses de los mares, etc.

UN CÁNTICO DE ALABANZA

Vengan, cantemos con alegría al Señor. Cantemos con gozo a la roca que nos salva. 2 Vengamos ante él dando gracias. Cantémosle con alegría. 3 Pues el Señor es un Dios grande, y un gran Rey sobre todos los dioses. 4 Las profundidades de la tierra están en su mano, y las cimas de las montañas le pertenecen. 5 Suyo es el mar, porque él lo hizo, y sus manos crearon la tierra seca.

6 Vengan, inclinémonos en adoración. Arrodillémonos ante el Señor que nos creó. 7 Pues él es nuestro Dios, y nosotros somos el pueblo de su campo y las ovejas de su mano. Si escuchan hoy su voz, no dejen que sus corazones se endurezcan como lo hicieron en Meribá, como aquel día en Masá en el desierto. 9 Sus primeros padres me pusieron a prueba y me probaron, pero ellos habían visto la obra que hice. 10 Estuve enojado con el pueblo desde ese día durante cuarenta

años. Dije: «Siempre tienen malos pensamientos, y no conocen mis caminos».11 Me enojé con ellos y dije: «Nunca entrarán en mi reposo».

Salmo 96

Ciertamente juzgará Dios a la tierra, y aquellos que se han consagrado a su justicia y su verdad no tienen nada que temer. La naturaleza misma —cielos, tierra, campos y árboles— celebrarán la justicia de Dios.

Un llamado a adorar al Señor

Canten al Señor una nueva canción. Que toda la tierra le cante al Señor. 2 Canten al Señor. Honren su nombre. Den a conocer su poder salvador día a día. 3 Cuenten de su resplandeciente grandeza entre las naciones. Cuenten de sus maravillosas obras entre todos los pueblos. 4 Pues el Señor es grande y debe ser grandemente alabado. Debe ser honrado con temor por encima de todos los dioses. 5 Pues todos los dioses de las naciones son falsos, pero el Señor hizo los cielos. 6 Con él hay honor y gran poder. La fuerza y la belleza están en su santuario.

7 Den al Señor, familias de las naciones, den al Señor el honor y la fuerza que le corresponden. 8 Denle al Señor la honra debida a su nombre. Traigan una ofrenda y vengan a su santuario. 9 Adoren al Señor con vestiduras santas. Que toda la tierra tiemble de temor ante él. 10 Digan entre las naciones que el Señor gobierna. El mundo está hecho para permanecer. No será conmovido. Será justo cuando diga quién es culpable o no.

11 Alégrense los cielos. Sea llena la tierra de alegría. Háganse oír el mar y todo lo que hay en él. 12 Llénense de alegría los campos y todo lo que hay en ellos. Entonces todos los árboles de la tierra cantarán de gozo ante el Señor, pues él viene. Viene a decir quién es culpable o no en la tierra. Él será justo en lo que decida sobre el mundo, y será fiel al pueblo.

Salmo 97

*La descripción que el salmista hace de Dios da pruebas
de su indiscutible autoridad. Con un fundamento de
rectitud y justicia, el Señor está rodeado por espesas
y oscuras nubes. También está cercado de fuego que
destruye a quienes intentan oponerse a él. Su presencia
va acompañada por relámpagos que producen miedo
a todos los que los ven. Todas las naciones son testigos
de su gloria. Se dice que hasta los montes y los cielos se
rinden ante el poder y la justicia de Dios.*

EL PODER DE DIOS SOBRE LA TIERRA

El Señor gobierna. Sea llena la tierra de alegría. Alégrense las muchas islas. 2 Nubes y oscuridad lo rodean. Su trono está edificado sobre lo que es recto y justo. 3 Delante de él va el fuego y por todos lados quema a los que lo odian. 4 Sus rayos iluminan el mundo. La tierra ve y tiembla. 5 Los montes se derriten como una vela ante el Señor, ante el Señor de toda la tierra. 6 Los cielos cuentan cuán justo y bueno es él, y todos los pueblos ven su resplandeciente grandeza.

7 Avergüéncense todos los que sirven a falsos dioses, los que hablan de lo grandes que son sus dioses. ¡Adórenlo, todos ustedes, dioses! 8 Sion oyó esto y se alegró. El pueblo de Judá se ha colmado de alegría por lo que tú decides, oh Señor. 9 Pues tú eres el Señor Altísimo sobre toda la tierra. A ti se te honra por encima de todos los dioses.

10 Los que aman al Señor odien lo que es malo. Pues él guarda las almas de sus fieles. Los aparta de la mano del pecador. 11 La luz se esparce como semilla para los que son justos y buenos, y la alegría se extiende para los puros de corazón. 12 Alégrense en el Señor, ustedes los que son justos y buenos. Den gracias a su santo nombre.

Salmo 98

Las personas y la naturaleza por igual deben responder con gozo a la obra de Dios. Según el versículo 1, él ya ha hecho cosas increíbles, pero su obra no está acabada. Todo el mundo puede esperar el día en que él venga como juez, trayendo rectitud y justicia. Mientras esperamos ese día, lo adecuado es que nos gocemos y cantemos.

Un llamado a alabar al Señor

Cántenle una nueva canción al Señor. Pues él ha hecho grandes cosas. Su diestra y su santo brazo han ganado la lucha. 2 El Señor ha dado a conocer su poder salvador. Ha mostrado a las naciones cuán justo y bueno es. 3 Ha mostrado a la casa de Israel su bondad amorosa y cuán hermoso es. Todos los confines de la tierra han visto el poder salvador de nuestro Dios.

4 Aclamen con gozo al Señor, toda la tierra. Canten a voz en cuello cantos de alegría y alabanzas. 5 Canten alabanzas al Señor con arpas; con arpas y con la voz del canto. 6 Aclamen con gozo con el sonido de los cuernos ante el Rey, el Señor.

7 Que el mar y todo lo que hay en él alcen su voz con fuerza, y el mundo y todos los que en él habitan. 8 Que aplaudan los ríos. Que las montañas canten juntas con gozo ante el Señor. Pues él viene a decir quién es culpable o no en la tierra. Él será justo en lo que decida sobre el mundo, y será equitativo con los pueblos.

Salmo 100

Las personas tienen buenas razones para alabar a Dios. Para empezar, él es Dios —el solo y único Señor soberano—, hecho que debe ser reconocido. Además, es el Creador. La humanidad creada debería identificarse con su Creador. Aparte de esto, Dios inició una relación de amor con su pueblo. No son seres creados abandonados a valérselas por sí solos, sino que siguen estando al cuidado de Dios como ovejas de su prado.

Un cántico de alabanza

Aclamen con gozo al Señor, toda la tierra. 2 Alégrense por servir al Señor. Vengan ante él con cantos de alegría. 3 Sepan que el Señor es Dios. Es él quien nos hizo, y no nosotros mismos. Nosotros somos su pueblo y las ovejas de su campo.

4 Entren por sus puertas dando gracias y por su santuario con alabanzas. Denle gracias. Honren su nombre. 5 Pues el Señor es bueno. Su bondad amorosa permanece para siempre, y él es fiel con todas las personas y con todos sus futuros hijos.

Salmo 101

El Señor es un Dios de amor y de justicia, y, por esta razón, David inicia su salmo con alabanza. Sin embargo, casi de inmediato, en el versículo 2, responde a la justicia de Dios. Quiere dedicarse a ser, tanto en privado como en público, el modelo de una vida irreprensible. Una vez íntegro de corazón, decide no implicarse en cosas que puedan corromperlo.

Un cántico de alabanza

Cantaré sobre la bondad amorosa y sobre lo que es justo y recto. Te cantaré alabanzas, oh Señor. 2 Me preocuparé de vivir una vida sin tacha. ¿Cuándo vendrás a mí? Andaré dentro de mi casa con un corazón justo y bueno. 3 No pondré ante mis ojos nada pecaminoso. Odio la obra de los que no son fieles. No caeré atrapado en ella. 4 Lejos estará de mí el corazón pecador. No tendré nada que ver con el pecado. 5 Detendré a cualquiera que hable en secreto contra su prójimo. No escucharé a nadie que sea de mirada y corazón altivos.

6 Mis ojos mirarán con favor a los fieles de la tierra, para que me sirvan. El que ande sin tacha me ayudará. 7 El de caminos falsos no vivirá en mi casa. El que miente no se mantendrá en mi presencia. 8 Cada mañana destruiré a todos los pecadores de la tierra. Quitaré de la ciudad del Señor a todos los que hacen mal.

Salmo 103

David toma conciencia de que el Señor es un Dios perdonador. En ocasiones, las iniquidades de las personas habían provocado su ira, pero había quedado bien claro que él es lento para el enojo y que muestra misericordia para con su pueblo. La ira de Dios tiende a llamar la atención de las personas cuando ninguna otra cosa lo consigue, pero el salmista indica que el enojo divino es tan evidente como su compasión, su gracia y su amor.

ALABANZA POR EL AMOR DE DIOS

Alaba al Señor, oh alma mía, y alabe todo mi interior su santo nombre. 2 Alaba al Señor, oh alma mía, y no olvides ninguno de sus actos de bondad. 3 Él perdona todos mis pecados. Él sana todas mis enfermedades. 4 Salva mi vida de la tumba. Me corona de bondad amorosa y compasión. 5 Él llena mis años de cosas buenas y me hace rejuvenecer como el águila.

6 El Señor hace lo que es justo y bueno para todos los que sufren bajo un poder malvado. 7 Él dio a conocer sus caminos a Moisés y sus actos al pueblo de Israel. 8 El Señor está lleno de compasión, amor y bondad. Es lento para la ira y tiene una gran bondad amorosa. 9 No nos perseguirá siempre, y no guardará su ira para siempre. 10 No nos ha castigado como cabría por todos nuestros pecados. No nos ha retribuido por todos nuestros errores. 11 Pues su amorosa bondad

es tan grande con los que le temen como son más altos los cielos que la tierra. 12 Ha echado nuestros pecados tan lejos como la distancia entre el este y el oeste. 13 El Señor tiene compasión de los que le temen, como la tiene un padre de sus hijos. 14 Pues él sabe de qué estamos hechos. Se acuerda de que somos polvo.

15 Los días del hombre son como la hierba. Crece como una flor silvestre. 16 Cuando el viento sopla sobre ella, ya no está. Su lugar no la recordará. 17 Pero la bondad amorosa del Señor está por siempre y para siempre sobre los que le temen. Los hijos de sus hijos reciben siempre la justicia de Dios, 18 y también los que guardan su pacto y se acuerdan de obedecer su ley.

19 El Señor ha establecido su trono en los cielos, y su santa nación gobierna sobre todo. 20 ¡Alaben al Señor, ustedes sus poderosos ángeles que hacen lo que él dice, que obedecen su voz en cuanto habla! 21 Alaben al Señor, todos sus ejércitos que trabajan para él y hacen lo que le agrada. 22 Alaben al Señor, todas sus obras en todos los lugares bajo su reinado. ¡Alaba al Señor, oh alma mía!

Salmo 104

La provisión de Dios sustenta todo el reino animal.
Su presencia consuela; su ausencia aterroriza.
Proporciona vida y determina la duración de esta,
el momento de regresar al polvo. Y, por impresionante que sea
su creación, Dios es mucho mayor.

El Señor vela sobre todas sus obras

¡Alaba al Señor, oh alma mía! Oh, Señor, Dios mío, muy grande eres. Estás vestido de gran honor y maravilloso poder. 2 Se cubre de luz como si fuera un manto. Extiende los cielos como una tienda de campaña. 3 Establece su hogar sobre las aguas. Hace de las nubes su carroza. Cabalga sobre las alas del viento. 4 Él hace que los vientos lleven sus noticias. Hace de sus ayudantes un fuego ardiente.

5 Él estableció la tierra en su lugar para que esté así para siempre. 6 La cubriste con el mar como si fuera un manto. Las aguas estaban por encima de las montañas. 7 Las aguas cedieron ante tus poderosas palabras. Se fueron corriendo con el sonido de tu trueno. 8 Las montañas subieron y los valles bajaron hasta el lugar que tú hiciste para ellos. 9 Estableciste una línea que no podían traspasar. Las aguas no volverán a cubrir la tierra.

10 Él envía ríos a los valles. Fluyen entre las montañas. 11 Dan agua a todos los animales del campo. Los asnos salvajes beben hasta saciarse. 12 Las aves del

cielo anidan a su lado. Cantan entre las ramas. 13 Él riega las montañas desde su casa en las alturas. La tierra está llena del fruto de sus obras.

14 Hace crecer la hierba para el ganado y las plantas para uso del hombre, para que pueda sacar comida de la tierra, 15 el vino que alegra el corazón del hombre, el aceite para hacer brillar su rostro y el alimento para fortalecer su corazón. 16 Los altos cedros que el Señor plantó en el Líbano beben hasta saciarse. 17 Las aves hacen allí sus nidos. La cigüeña tiene su nido en los verdes árboles.

18 Las altas montañas son para las cabras monteses. Las rocas son un lugar seguro para los tejones. 19 Hizo la luna para marcar el momento del año, y el sol sabe cuándo ponerse. 20 Tú creas la oscuridad y se convierte en la noche. Entonces salen todos los animales salvajes de entre los árboles. 21 Los cachorros de león rugen con fuerza cuando van tras la carne, y obtienen de Dios su comida. 22 Van a sus hogares y se acuestan cuando sale el sol. 23 Entonces el hombre sale a su trabajo y trabaja hasta la noche.

24 ¡Oh Señor, cuántas son tus obras! Tú lo hiciste todo con sabiduría. La tierra está llena de lo que tú has hecho. 25 Está el ancho mar lleno de animales grandes y pequeños. Son demasiados para enumerarlos. 26 Por él navegan los barcos, y la gran bestia marina que has creado juega en él.

27 Todos esperan que les des su comida a su tiempo. 28 Se lo das y ellos la recogen. Abres tu mano y los colmas de cosas buenas. 29 Ellos se afligen y se angustian cuando escondes tu rostro y, cuando les quitas el aliento, mueren y vuelven al polvo. 30 Son creados cuando envías tu Espíritu, y haces que los terrenos del lugar se renueven.

31 Sea para siempre la resplandeciente grandeza del Señor. Alégrese el Señor en sus obras. 32 Él mira a la tierra y ella se estremece. Toca las montañas y humean. 33 Cantaré al Señor toda mi vida. Cantaré alabanzas a mi Dios mientras viva. 34 Que las palabras de mi corazón le agraden. En cuanto a mí, me alegraré en el Señor. 35 Que desaparezcan de la tierra los pecadores, y los impíos dejen de existir. ¡Honra al Señor, oh alma mía! ¡Alaba al Señor!

Salmo 108

Si pensamos en los salmos como cánticos, el salmo 108 es
un popurrí de los salmos 57 y 60. Combinados como lo
vemos aquí, el salmo es un cántico de victoria para celebrar
el incomparable amor y la fidelidad de Dios, tal como se
manifiesta en la liberación de Israel de sus enemigos.

UN CÁNTICO DE ALABANZA

Mi corazón no será conmovido, oh Dios. Cantaré. Sí, cantaré alabanzas con mi alma. 2 Despierten, arpas diversas. Despertaré al nuevo día. 3 Te daré gracias entre los pueblos, oh Señor. Te cantaré alabanzas entre las naciones. 4 Pues tu bondad amorosa es grande sobre los cielos, y tu verdad alcanza hasta el cielo. 5 Sé exaltado sobre los cielos, oh Dios. Sea sobre toda la tierra tu resplandeciente grandeza. 6 Sálvanos con tu diestra y respóndeme. Sean liberados los que amas.

7 Dios ha dicho en su santuario: «Me llenaré de alegría. Repartiré Siquén y el valle de Sucot. 8 Galaad es mío. Manasés es mío. Efraín es el casco que cubre mi cabeza. Judá es mi legislador. 9 Moab es donde me lavo las manos. Arrojaré mi calzado sobre Edom. Proclamaré sobre Filistea que he vencido».

10 ¿Quién me llevará a la ciudad fortificada? ¿Quién me llevará a Edom? 11 ¿No nos has rechazado, oh Dios? ¿No saldrás con nuestros ejércitos, oh Dios? 12 Oh, concédenos tu ayuda contra los que nos odian.

Pues la ayuda del hombre no vale nada. 13 Con la ayuda de Dios haremos grandes cosas, y él quebrantará bajo sus pies a los que luchan contra nosotros.

Salmo 111

Es posible que haya disminuido la intención original de la definición del término «memorable». Aquí, su sentido es que «inspira temor reverencial». Cuando alguien empieza a comprender la santidad de Dios, el resultado es una profunda y temerosa reverencia.

ALABADO SEA EL SEÑOR

¡Alaben al Señor! Daré gracias al Señor con todo mi corazón allí donde se reúnen los que son justos ante Dios y donde se congrega el pueblo. 2 Las obras del Señor son grandes. Todos los que se gozan en ellas tratan de entenderlas. 3 Su obra es grande y poderosa, y él es justo y bueno para siempre. 4 Ha hecho sus grandes obras para que sean memorables. El Señor muestra amor, favor y piedad. 5 Él alimenta a los que le temen. Recordará su pacto para siempre. 6 Le ha mostrado a su pueblo el poder de sus obras dándole la tierra de otras naciones.

7 Las obras de sus manos son fieles y justas. Todas sus leyes son veraces. 8 Se mantienen firmes por siempre y para siempre. Están hechas con lo que es verdadero y justo. 9 Él ha abierto un camino para que su pueblo sea libre. Ha establecido su pacto para siempre. Su santo nombre ha de ser honrado con temor. 10 El temor del Señor es el principio de la sabiduría. Todos los que obedecen sus leyes tienen buen juicio. Sus alabanzas permanecen para siempre.

Salmo 112

El salmista acaba este salmo, que de otro modo sería positivo y edificante, con una advertencia para los que no buscan la justicia. Los impíos serán testigos de la bondad de Dios hacia los demás y se sentirán ofendidos. Sus anhelos no serán cumplidos. En lugar de alabar a Dios, harán crujir sus dientes y se consumirán.

A QUIEN HONRA AL SEÑOR LE LLEGA EL BIEN

¡Alabado sea el Señor! ¡Dichoso el hombre que honra al Señor con temor y halla gozo en su ley! 2 Sus hijos serán poderosos en la tierra. Toda familia que sea justa será feliz. 3 Hay riqueza y bienestar en su casa, y su rectitud ante Dios permanecerá para siempre. 4 Para el justo, la luz surge incluso en la oscuridad. Es amable, tiene compasión y amor y hace lo que es justo. 5 El hombre que está dispuesto a dar en abundancia y es justo en lo que hace recibirá el bien. 6 Nunca será sacudido. El hombre que es justo y bueno será recordado para siempre. 7 No temerá malas noticias. Su corazón está firme porque confía en el Señor. 8 Su corazón no será sacudido. No tendrá temor y verá cómo pierden los que luchan contra él. 9 Ha dado mucho a los pobres. Su rectitud ante Dios permanecerá para siempre. Su cuerno será ensalzado en honor.

10 El pecador lo verá y se llenará de angustia y enojo. Rechinará los dientes y se consumirá. El deseo de los pecadores no llegará a ninguna parte.

Salmo 113

En contraste con el Dios poderoso y entronizado, toda la humanidad es pobre, necesitada y estéril. Por tanto, cuando las personas empiezan a entender que el gran Dios del universo ha escogido estar activamente implicado en sus vidas, deberían prestar atención a la repetida exhortación del salmista a alabar al Señor.

EL SEÑOR AYUDA AL POBRE

¡Alabado sea el Señor! Alábenle, ustedes los que sirven al Señor. Alaben el nombre del Señor. 2 Sea el nombre del Señor honrado, ahora y para siempre. 3 Hay que alabar el nombre del Señor desde que sale el sol hasta que se pone. 4 El Señor está en lo alto, por encima de todas las naciones. Su resplandeciente grandeza está por encima de los cielos.

5 ¿Quién es como el Señor nuestro Dios? Él se sienta en su trono en las alturas. 6 Mira hacia abajo a los cielos y a la tierra. 7 Él levanta del polvo al pobre. Alza de las cenizas a los necesitados. 8 Los hace sentarse con los gobernantes, con los que gobiernan su pueblo. 9 A la mujer que no podía dar a luz le da un hogar y la convierte en la madre de los niños. ¡Alabado sea el Señor!

Salmo 115

*Casi todas las naciones circundantes adoraban ídolos visibles
y palpables que les recordaban a sus dioses. Los hacían tan
realistas como les era posible. La descripción del salmista
en los versículos 5-7 es detallada con mención de ídolos con
boca, ojos, oídos, nariz, manos y pies. Con todo, como aclara
en el versículo 4, estos son tallados por seres humanos, y son
totalmente inanimados e impotentes.*

UN DIOS VERDADERO

A tu nombre sea el honor, y no a nosotros, Señor, no
a nosotros. Pues tú eres amoroso, bueno y fiel. 2 ¿Por
qué han de decir las naciones: «¿Dónde está su Dios
ahora?». 3 Pero nuestro Dios está en los cielos. Hace
lo que quiere hacer. 4 Los dioses de ellos son plata y
oro, obra de manos humanas. 5 Tienen boca, pero no
pueden hablar. Tienen ojos, pero no pueden ver. 6 Tienen oídos, pero no pueden oír. Tienen nariz, pero no
pueden oler. 7 Tienen manos, pero no pueden sentir.
Tienen pies, pero no pueden andar. No pueden emitir
sonido por sus bocas. 8 Los que los hacen y confían en
ellos serán como ellos.

9 Oh Israel, confía en el Señor. Él es tu ayuda y tu
refugio. 10 Oh, casa de Aarón, confía en el Señor. Él es
tu ayuda y tu refugio. 11 Ustedes que temen al Señor,
confíen en el Señor. Él es su ayuda y su refugio. 12 El
Señor se ha acordado de nosotros y nos hará llegar el

bien. Hará llegar el bien a la casa de Israel. Hará llegar el bien a la casa de Aarón. 13 Él hará bien a los que temen al Señor, tanto a los pequeños como a los grandes. 14 Que el Señor te haga crecer en número, tanto a ti como a tus hijos. 15 Que el Señor, el Creador del cielo y de la tierra, te conceda cosas buenas.

16 Los cielos le pertenecen al Señor, pero la tierra se la ha dado a los hijos de los hombres. 17 Los muertos no alaban al Señor, tampoco los que bajan al lugar del silencio. 18 Pero nosotros honraremos y daremos gracias al Señor, ahora y siempre. ¡Alabado sea el Señor!

Salmo 116

¿Quién si no Dios habría cambiado las lágrimas del salmista, su tropezar y su proximidad a la muerte en un caminar por la tierra de los vivos? Al parecer, todos los demás habían carecido de fe en que Dios lo liberara, creando así gran desaliento en él. Pero el salmista había creído y Dios le había restaurado la salud y la seguridad.

ALABANZAS A DIOS POR HABER SIDO SALVADO DE LA MUERTE

Amo al Señor, porque él oye mi voz y mis oraciones. 2 Clamaré a él mientras viva, porque ha vuelto hacia mí su oído. 3 Me rodean las cuerdas de la muerte, y el miedo a la tumba se apoderó de mí. He sufrido angustias y tristeza. 4 Entonces invoqué el nombre del Señor: «¡Oh Señor, te lo ruego, salva mi vida!».

5 El Señor es amoroso y justo. Sí, nuestro Dios está lleno de bondad amorosa. 6 El Señor cuida de los que son como niños. Estaba yo derribado y él me salvó. 7 Regresa a tu reposo, oh alma mía. Pues el Señor ha sido bueno contigo. 8 Pues tú, Señor, has salvado mi alma de la muerte, mis ojos de las lágrimas y mis pies de la caída. 9 Caminaré con el Señor en la tierra de los que viven. 10 Yo tenía fe incluso cuando dije: «Estoy muy angustiado». 11 Dije en mi temor: «Todos los hombres son mentirosos».

12 ¿Qué debería darle al Señor por todas las cosas buenas que ha hecho por mí? 13 Le mostraré mi gratitud por haberme salvado con una ofrenda de vino y alabaré su nombre. 14 Cumpliré mis promesas al Señor ante todo su pueblo. 15 La muerte de sus santos es de gran valor a los ojos del Señor. 16 Ciertamente soy tu siervo, oh Señor. Soy tu servidor, el hijo de la mujer que te sirvió. Me has liberado de mis cadenas. 17 Traeré una ofrenda de acción de gracias e invocaré el nombre del Señor. 18 Cumpliré mis promesas al Señor ante de todo su pueblo, 19 en el santuario del Señor y en tu centro, oh Jerusalén. ¡Alabado sea el Señor!

Salmo 121

El tema del salmo 121 es la protección de Dios. Las peregrinaciones podían ser viajes peligrosos con desafíos geográficos y elementos criminales contra los que luchar. Al levantar el salmista sus ojos hacia Jerusalén, su destino, reconoce que su ayuda viene de Dios, que ha creado esos montes.

EL SEÑOR, NUESTRO AYUDADOR

Alzaré mis ojos a las montañas. ¿De dónde vendrá mi ayuda? 2 Mi ayuda viene del Señor, que hizo el cielo y la tierra. 3 No dejará que tropiecen tus pies. No se dormirá el que te cuida. 4 Escucha, el que vela sobre Israel no cerrará los ojos ni se dormirá.

5 El Señor vela por ti. El Señor es tu refugio seguro a tu diestra. 6 El sol no te dañará durante el día ni la luna durante la noche. 7 El Señor te guardará de todo lo pecaminoso. Velará por tu alma. 8 El Señor velará por tus idas y venidas, ahora y siempre.

Salmo 122

*Jerusalén significa «ciudad de paz», un título adecuado
en la época de David y Salomón, pero aquellos que
cantaban este salmo en el periodo siguiente al exilio de
Israel pronto entenderían lo turbulenta que había sido
la historia reciente de esa ciudad. La llamada a orar
pidiendo por la paz de Jerusalén tiene, probablemente,
más relevancia en los años posteriores.*

UNA ORACIÓN POR LA PAZ DE JERUSALÉN

Me alegré cuando me dijeron: «Vayamos a la casa del Señor». 2 Nuestros pies están dentro de tus puertas, oh Jerusalén. 3 Jerusalén está edificada como una ciudad donde se junta el pueblo. 4 A ella van las diferentes familias, las familias del Señor. Allí dan gracias al nombre del Señor, por la ley que recibió Israel. 5 Pues en ella se establecieron tronos para decir quién es culpable o no, los tronos de la casa de David.

6 Oren por la paz de Jerusalén. Que todo les vaya bien a los que te aman. 7 Que haya paz dentro de tus murallas. Que todo vaya bien en sus casas. 8 Yo diré: «Que la paz esté contigo», por el bien de mis hermanos y amigos. 9 Por la casa del Señor nuestro Dios, oraré por tu bien.

Salmo 123

Es habitual que los que están consagrados a Dios sufran ridículo o desdén de quienes no son creyentes. En tales casos, resulta difícil ignorar las mofas verbales, aunque el salmista ha sido capaz de desviar su atención y fijar sus ojos en el Señor. Sin pensar en una venganza personal o en tomar la justicia por su mano, deja el asunto en las manos de Dios.

ORACIÓN PIDIENDO LA AYUDA DEL SEÑOR

Alzo mis ojos hacia ti, oh Dios, cuyo trono está en los cielos. 2 Mira, los ojos de los siervos miran a la mano de su señor. Los ojos de una sierva miran a la mano de su señora. Por eso nuestros ojos miran al Señor nuestro Dios, hasta que nos muestre su bondad amorosa.

3 Muéstranos tu bondad amorosa, oh Señor. Muéstranos tu bondad amorosa. Pues ya hemos sufrido bastante odio. 4 Los orgullosos se han burlado de nosotros por demasiado tiempo. Ya hemos tenido más que suficiente de su odio.

Salmo 127

Se trate de la vida doméstica, de la seguridad nacional o del árbol familiar, debemos reconocer a Dios como la fuente de todo éxito y satisfacción.

DIOS ES BUENO CON SU PUEBLO

A menos que sea el Señor quien edifica la casa, en vano trabajan sus constructores. A menos que el Señor vele sobre la ciudad, en vano permanecen despiertos sus vigías. 2 Te levantas temprano, te acuestas tarde y trabajas duro por tu comida, y todo en vano, pues el Señor da a los que ama incluso mientras duermen.

3 Los hijos son un regalo del Señor. Los hijos que tenemos son nuestra recompensa especial. 4 Los hijos de un padre joven son como flechas en la mano de un soldado. 5 Dichoso el hombre que tiene muchos. No serán avergonzados cuando hablen en la puerta con los que los odian.

Salmo 130

El salmista comprende que Dios no es un registrador celestial de ofensas; nadie sería capaz de complacerle jamás. Dios escogió perdonar los pecados de su pueblo, y esto es un hecho asombroso. La respuesta debería ser, pues, el temor reverente hacia él; no acobardarse por pánico u horror, sino someterse de buen grado a él en adoración y obediencia.

ORACIÓN PIDIENDO AYUDA

Oh Señor, a ti he clamado desde lo más profundo. 2 Señor, ¡oye mi voz! Que tus oídos oigan la voz de mis oraciones. 3 Si tú, Señor, anotaras nuestros pecados, oh Señor, ¿quién podría mantenerse? 4 Pero tú eres el que perdona, por eso se te honra y se te teme.

5 Yo espero al Señor. Mi alma aguarda y espera en su Palabra. 6 Mi alma espera al Señor más de lo que el vigía espera la mañana; sí, más de lo que el vigía espera la mañana. 7 ¡Oh Israel, ten esperanza en el Señor! Pues con el Señor hay bondad amorosa. Con él nos salvamos sin duda, 8 y él salvará a Israel de todos sus pecados.

Salmo 135

Los versículos 6-7 son recordatorios de que el poder de Dios se ve en toda la naturaleza: tierra, cielos y mares. Las nubes, el viento, la lluvia y los relámpagos forman parte de su maravilloso diseño. Pero Dios no está limitado a obrar a través de la naturaleza. Él es un Dios de milagros que desafían las propias leyes de esta. En los versículos 8-9, el salmista recuerda las plagas enviadas sobre Egipto, tal vez los milagros más conocidos de Dios.

CÁNTICO DE ALABANZA

¡Alaben al Señor! ¡Alaben el nombre del Señor! Alábenlo, siervos del Señor, 2 ustedes que están en la casa del Señor, dentro de los muros de la casa de nuestro Dios. 3 Alaben al Señor, porque el Señor es bueno. Canten alabanzas a su nombre, que es bueno. 4 Pues el Señor ha escogido a Jacob para sí. Israel le pertenece a él.

5 Yo sé que el Señor es grande. Es más grande que todos los dioses. 6 El Señor hace todo lo que le place, en el cielo y en la tierra, en los mares y en todas las aguas. 7 Hace que se eleven las nubes desde los confines de la tierra. Hace que vengan los rayos con la lluvia. Saca el viento del depósito de sus riquezas.

8 Mató al primogénito de Egipto, tanto humano como animal. 9 Envió señales e hizo grandes obras entre ustedes, oh Egipto, contra el faraón y todos sus

siervos. 10 Aplastó a muchas naciones y mató a reyes poderosos, 11 como Sejón el rey de los amorreos, Og el rey de Basán y todos los reyes de Canaán. 12 Y le dio la tierra de ellos como regalo, como regalo a Israel, su pueblo. 13 Oh Señor, tu nombre permanece para siempre. Oh Señor, serás recordado para siempre. 14 Pues el Señor decidirá a favor de su pueblo. Tendrá compasión de sus siervos. 15 Los dioses de las naciones son plata y oro, hechos por manos de hombres. 16 Tienen boca, pero no hablan. Tienen ojos, pero no ven. 17 Tienen oídos, pero no oyen, y no hay aliento en sus bocas. 18 Los que los hacen y los que confían en ellos serán como ellos.

19 Casa de Israel, honren y den gracias al Señor. Oh, casa de Aarón, honren y den gracias al Señor. 20 Oh casa de Leví, honren y den gracias al Señor. Ustedes los que temen al Señor, honren y den gracias al Señor. 21 Honren y den gracias al Señor de Sion, que mora en Jerusalén. ¡Alaben al Señor!

Salmo 136

Existen muchas razones para darle gracias a Dios.
Pero al principio de la lista, tal como el salmista les recuerda
veintiséis veces a sus oyentes a lo largo de este cántico, se debe
dar gracias a Dios porque su amor permanece para siempre.

CÁNTICO DE AGRADECIMIENTO

Den gracias al Señor porque es bueno, porque su bondad amorosa permanece para siempre. 2 Den gracias al Dios de dioses, porque su bondad amorosa permanece para siempre. 3 Den gracias al Señor de señores, porque su bondad amorosa permanece para siempre. 4 Den gracias al Único que hace grandes obras, porque su bondad amorosa permanece para siempre. 5 Den gracias al que con sabiduría creó los cielos, porque su bondad amorosa permanece para siempre. 6 Den gracias al que extendió la tierra sobre las aguas, porque su bondad amorosa permanece para siempre. 7 Den gracias al que creó las grandes luminarias, porque su bondad amorosa permanece para siempre. 8 Él hizo que el sol gobernara durante el día, porque su bondad amorosa permanece para siempre. 9 Él hizo que la luna y las estrellas gobernaran durante la noche, porque su bondad amorosa permanece para siempre.

10 Den gracias al que mató al primogénito de Egipto, porque su bondad amorosa permanece para siempre. 11 Él sacó a Israel de en medio de ellos, porque su bondad amorosa permanece para siempre. 12 Él

extendió su brazo y los sacó con mano fuerte, porque su bondad amorosa permanece para siempre. 13 Den gracias al que partió en dos el mar Rojo, porque su bondad amorosa permanece para siempre. 14 Él guio a Israel, porque su bondad amorosa permanece para siempre. 15 Pero provocó la muerte del faraón y su ejército en el mar Rojo, porque su bondad amorosa permanece para siempre. 16 Den gracias al que guio a su pueblo a través del desierto, porque su bondad amorosa permanece para siempre. 17 Den gracias al que destruyó a grandes reyes, porque su bondad amorosa permanece para siempre. 18 Él mató a reyes poderosos, porque su bondad amorosa permanece para siempre. 19 Él mató a Sejón, rey de los amorreos, porque su bondad amorosa permanece para siempre. 20 Él mató a Og, rey de Basán, porque su bondad amorosa permanece para siempre. 21 Él entregó su tierra como regalo, porque su bondad amorosa permanece para siempre. 22 Se la dio como regalo a Israel, su siervo, porque su bondad amorosa permanece para siempre.

23 Denle gracias al que se acordó de nosotros cuando no teníamos nada, porque su bondad amorosa permanece para siempre. 24 Él nos libró de los que nos odiaban, porque su bondad amorosa permanece para siempre. 25 Él da alimento a todos los hombres, porque su bondad amorosa permanece para siempre. 26 Denle gracias al Dios de los cielos, porque su bondad amorosa permanece para siempre.

Salmo 138

Aunque Dios sea sumamente exaltado, siempre está dispuesto a responder a los humildes, los que se humillan y buscan su ayuda. Sin embargo, los que intentan autoexaltarse en su orgullo se pierden la ayuda compasiva y el sostén divinos.

CÁNTICO DE ALABANZA

Te daré las gracias con todo mi corazón. Te cantaré alabanzas delante de los dioses. 2 Me postraré hacia tu santa casa, y daré gracias a tu nombre por tu bondad amorosa y tu verdad. Pues has honrado tu Palabra por causa de lo que es tu nombre. 3 El día que clamé a ti me respondiste. Me diste fuerzas en mi alma.

4 Oh Señor, todos los reyes de la tierra te darán gracias cuando hayan escuchado las palabras de tu boca. 5 Y cantarán de los caminos del Señor. Pues grande es la resplandeciente belleza del Señor. 6 Pues, aunque él recibe la honra, el Señor piensa en los que no son orgullosos, pero conoce desde lejos a los orgullosos. 7 Aunque me meta en problemas, tú mantendrás mi vida a salvo. Interpondrás tu mano contra la ira de los que me odian, y tu diestra me salvará. 8 El Señor terminará la obra que comenzó para mí. Oh Señor, tu bondad amorosa permanece para siempre. No abandones las obras de tus manos.

Salmo 139

Los versículos 23-24 ofrecen uno de los desafíos más fascinantes de las Escrituras. Es indudable que, en ocasiones, David había cometido algunos pecados graves contra Dios. Sin embargo, en este punto de su vida, es capaz de pedirle a Dios que examine sus acciones y sus pensamientos para intentar detectar cualquier cosa ofensiva o inadecuada. Pocas personas llegan a un momento de su vida espiritual en el que consideren hacer semejante invitación.

DIOS CUIDA DE SU PUEBLO

Oh Señor, tú me has examinado a fondo y me has conocido. 2 Sabes cuándo me siento y cuándo me levanto. Entiendes desde lejos mis pensamientos. 3 Me ves cuando camino y cuando me acuesto. Conoces muy bien todos mis caminos. 4 Aun antes de decir una palabra, oh Señor, tú lo sabes todo. 5 Me has rodeado de cerca por detrás y por delante, y has puesto tu mano sobre mí. 6 Lo que tú sabes es demasiado grande para mí. Es demasiado para mi entendimiento.

7 ¿A dónde puedo ir para alejarme de tu espíritu? ¿O a dónde puedo huir de donde estás tú? 8 Si subo al cielo, ¡ahí estás tú! Si pongo mi lecho en el lugar de los muertos, ¡ahí estás tú! 9 Si tomo las alas de la mañana o me voy a vivir a lo más apartado del mar, 10 incluso allí me guiará tu mano y me sostendrá tu diestra. 11 Aunque diga: «Ciertamente las tinieblas me cubrirán y la noche será toda la luz que me rodee», 12 las

tinieblas ni siquiera son oscuras para ti, y la noche te resulta tan brillante como el día. La oscuridad y la luz son lo mismo para ti.

13 Pues tú formaste las partes de mi interior. Me has entretejido en el interior de mi madre. 14 A ti te daré las gracias, porque sobrecoge pensar en la grandeza de cómo fui formado. Tus obras son grandes y mi alma lo sabe muy bien. 15 Mis huesos no te estaban ocultos cuando en lo secreto fui formado y cuidadosamente entretejido en lo profundo de la tierra. 16 Tus ojos me vieron antes de ser formado, y todos los días de mi vida estaban escritos en tu libro antes de que ninguno de ellos llegara a existir.

17 Tus pensamientos son muy valiosos para mí, oh Dios. ¡Cuántos son! 18 Si pudiera contarlos, serían más numerosos que la arena. Cuando me despierto, todavía estoy contigo.

19 ¡Ojalá mataras al pecador, oh Dios, y alejaras de mí a los hombres sanguinarios! 20 Pues hablan pecado contra ti. Los que te odian usan mal tu nombre. 21 ¿No aborrezco a los que te odian, oh Señor? ¿No aborrezco a los que se levantan contra ti? 22 Los aborrezco con todas mis fuerzas. Han llegado a ser los que me odian.

23 Examíname, oh Dios, y conoce mi corazón. Pruébame y conoce mis pensamientos. 24 Mira si hay algún camino de pecado en mí y guíame en el camino que permanece para siempre.

Salmo 145

Las personas necesitadas se alegran de manera especial por los dones de Dios. Él es amoroso, cumple sus promesas, levanta al caído, provee alimento y es la fuente que puede satisfacer todos los deseos. Por todas estas razones y muchas más, David concluye su salmo con una expresión final de alabanza a Dios, y con la invitación a todo ser viviente a unirse a él.

CÁNTICO DE ALABANZA

Te alabaré a ti, mi Dios y Rey. Honraré tu nombre por siempre y para siempre. 2 Te honraré todos los días y alabaré tu nombre por siempre. 3 El Señor es grande y grande ha de ser nuestra alabanza a él. Es demasiado grande como para que alguien lo entienda. 4 Las familias de ahora alabarán tus obras para las familias venideras. Contarán de tus poderosos hechos. 5 Pensaré en la resplandeciente grandeza de tu poder y en tus grandes obras. 6 Los hombres hablarán de tus poderosos y sobrecogedores hechos, y yo hablaré de tu grandeza. 7 De sus bocas saldrá abundancia de palabras sobre cuán bueno eres. Cantarán con alegría sobre cuán justo tienes.

8 El Señor está lleno de favor y piedad amorosos, es lento para la ira y grande en amor y benevolencia. 9 El Señor es bueno con todos, y su bondad amorosa está por encima de todas sus obras. 10 Todas tus obras te darán gracias, oh Señor, y todos los que te pertenecen

te honrarán. 11 Hablarán de la resplandeciente grandeza de tu santa nación y conversarán sobre tu poder. 12 Darán a conocer tus hechos poderosos y el gran poder de tu santa nación a los hijos de los hombres. 13 Tu santa nación es una nación que permanece para siempre, y tu gobierno permanece para siempre.

14 El Señor sostiene a todos los que caen. Él levanta a todos los que son derribados. 15 Los ojos de todos te miran, y tú les das su alimento a su tiempo. 16 Abres tu mano y colmas el deseo de todo ser viviente.

17 El Señor es justo y bueno en todos sus caminos, y bondadoso en todas sus obras. 18 El Señor está cercano a todos los que lo invocan, a todos los que lo invocan de verdad. 19 El colmará el deseo de los que le temen. También escuchará su clamor y los salvará. 20 El Señor cuida de todos los que le aman, pero destruirá a todos los pecadores. 21 Mi boca expresará la alabanza del Señor, y toda carne honrará su santo nombre por siempre y para siempre.

Salmo 146

Cuando las personas necesitan ayuda, tienen elección.
Pueden depender de otros o acudir a Dios. Este salmo ofrece
alabanza a Dios porque siempre es confiable.

EL SEÑOR, NUESTRO AYUDADOR

¡Alabado sea el Señor! ¡Alaba al Señor, oh alma mía! 2 Alabaré al Señor mientras viva. Cantaré alabanzas a mi Dios mientras viva. 3 No pongan su confianza en príncipes, en un hijo de hombre, que no puede salvarnos. 4 Cuando su espíritu lo abandona, regresa a la tierra. Ese día se acaban sus pensamientos. 5 Dichoso aquel cuya ayuda es el Dios de Jacob, y cuya esperanza está en el Señor su Dios. 6 El Señor creó el cielo y la tierra, el mar y todo lo que hay en ellos. Él es eternamente fiel. 7 Él ayuda a los que están sometidos a un poder malvado. Les da comida a los hambrientos, y libera a los que están en prisión.

8 El Señor abre los ojos de los ciegos. El Señor levanta a los caídos. El Señor ama a los que son justos y buenos. 9 El Señor guarda a los extranjeros. Se ocupa de los niños que no tienen padre y de la mujer que ha quedado viuda, pero destruye el camino de los pecadores. 10 El Señor gobernará para siempre. Tu Dios, oh Sion, gobernará sobre todos los pueblos para siempre. ¡Alabado sea el Señor!

Salmo 147

El salmista le recuerda a todo el mundo que el mismo Dios que los ayudó es Aquel que había creado, numerado y puesto nombre a las estrellas. Su entendimiento y su poder son ilimitados y, aunque usará su poder para subyugar al impío, siempre le proporcionará sostén al humilde.

ALABANZA A LA BONDAD DE DIOS

¡Alabado sea el Señor! Pues es bueno cantar alabanzas a nuestro Dios. Es agradable hacerlo y la alabanza es justa. 2 El Señor edifica Jerusalén. Reúne a los de Israel que han sido desterrados. 3 Sana a los que tienen el corazón roto. Sana sus dolores. 4 Él conoce el número de las estrellas. Les pone nombres a todas ellas. 5 Grande es nuestro Señor, grande en poder. No hay límite a su entendimiento. 6 El Señor levanta a los que sufren y hace descender a la tierra a los pecadores.

7 Canten al Señor con gratitud. Canten alabanzas a nuestro Dios con el arpa. 8 Él cubre de nubes los cielos. Da la lluvia a la tierra. Hace que crezca la hierba en las montañas. 9 Les da su alimento a los animales, y a los polluelos de cuervos que pían. 10 Su gozo no está en la fuerza de un caballo. No halla alegría en las piernas de un hombre, 11 sino que favorece a los que le temen y a los que esperan en su bondad amorosa.

12 ¡Alabad al Señor, oh Jerusalén! ¡Alaba a tu Dios, oh Sion! 13 Pues él ha fortificado tus puertas.

Ha hecho que les llegue el bien a tus hijos dentro de ti. 14 Él establece la paz dentro de tus muros. Te colma con el mejor grano. 15 Él envía su palabra a la tierra, y su palabra corre veloz. 16 Él da la nieve como la lana. Esparce el hielo como si fuera cenizas. 17 Arroja su hielo como piedras de granizo. ¿Quién puede mantenerse en pie ante su frío? 18 Él envía su palabra y los derrite. Hace que su viento sople y fluyan las aguas. 19 Él revela su palabra a Jacob, y su ley a Israel. 20 Es algo que no ha hecho con ninguna otra nación. Ellas no conocen su ley. ¡Alabado sea el Señor!

Salmo 148

El cuerno que se menciona en el versículo 14 es un símbolo de poder que suele representar al rey. Pero en ocasiones, y este podría ser uno de esos casos, simboliza la gloria que Dios ha provisto para su pueblo, al que tiene cerca de su corazón. Por ello (entre otras muchas razones) se debe alabar a Dios.

EL MUNDO ENTERO DEBERÍA ALABAR AL SEÑOR

¡Alaben al Señor! ¡Alaben al Señor desde los cielos! ¡Alábenlo en las alturas! 2 ¡Alábenlo, todos sus ángeles! ¡Alábenlo, todo su ejército! 3 ¡Alábenlo, sol y luna! ¡Alábenlo, todas ustedes, brillantes estrellas! 4 ¡Alábenlo, ustedes los cielos más altos y las aguas que están sobre los cielos! 5 ¡Alaben el nombre del Señor! Pues él habló y ellos existieron. 6 Él los ha hecho permanecer por siempre y para siempre. Ha establecido una ley que no perderá su vigencia.

7 Alaben al Señor desde la tierra, ustedes grandes bestias marinas y todos los mares, 8 fuego y granizo, nieve y nubes y tormentas de viento, en obediencia a su palabra. 9 Alaben al Señor, ustedes los montes y todas las colinas, los árboles frutales y todos los árboles elevados, 10 las bestias salvajes y todo el ganado, los animales pequeños que se mueven por el suelo y las aves que vuelan, 11 los reyes de la tierra y todos los pueblos, los príncipes y todos los líderes de la tierra, 12 los jóvenes y las mujeres que nunca han tenido marido, y los ancianos y los niños.

13 Alaben el nombre del Señor. Pues solo su nombre recibe honra. Su resplandeciente grandeza está por encima de la tierra y el cielo. 14 Él ha levantado un cuerno para su pueblo, una alabanza para todos los que le pertenecen, para el pueblo de Israel, que está cercano a él. ¡Alaben al Señor!

Salmo 149

El pueblo debería alabar a Dios por su salvación.
Según los versículos 2–5, su alabanza debería
adoptar varias formas entusiastas: danza, música
de timbal y arpa, cánticos durante la noche, y, sobre
todo, una actitud de alegría y regocijo.

Un llamado a alabar a Dios

¡Alabado sea el Señor! ¡Canten un cántico nuevo al Señor! Alábenlo en la congregación de su pueblo. 2 Alégrese Israel en su Creador. Regocíjense los hijos de Sion por su Rey. 3 Alaben su nombre con danza. Cántenle alabanzas con timbales y arpa. 4 Pues el Señor está feliz con su pueblo. Él salva a los que no son orgullosos y los hace hermosos.

5 Llénense de alegría y honor los piadosos. Canten de gozo en sus camas. 6 Haya en sus bocas alabanzas supremas a Dios, y en su mano una espada de doble filo 7 que sirva para castigar a las naciones y a los pueblos. 8 Sean sus reyes atados con cadenas, y sus gobernantes, con cuerdas de hierro. 9 Reciban el castigo que está escrito para ellos. Esto honra a todos sus fieles. ¡Alabado sea el Señor!

Salmo 150

El salmo 1 parece estar posicionado de manera intencionada para presentar el libro de Salmos. De manera similar, este último salmo parece haberse escrito para acabar el libro con un énfasis final sobre la importancia de la alabanza. El salmo (y el libro de Salmos) termina con un concluyente «¡Alabado sea el Señor!».

CÁNTICO DE ALABANZA

¡Alabado sea el Señor! ¡Alaben a Dios en su santuario! ¡Alábenlo en los cielos de su poder! 2 ¡Alábenlo por sus grandes obras! ¡Alábenlo por toda su grandeza!

3 Alábenlo con el sonido del cuerno. Alábenlo con arpas. 4 Alábenlo con timbales y danzas. Alábenlo con cuerdas y cuernos. 5 Alábenlo con fuerte son. Alábenlo con sonidos fuertes y claros. 6 Todo lo que respira alabe al Señor. ¡Alabado sea el Señor!

Proverbios 1

El término hebreo traducido como conocimiento en el versículo 7 es sinónimo de sabiduría. Este tipo de conocimiento no consiste tan solo en poseer información: es la capacidad de aplicar esos datos en la vida real.

DICHOS SABIOS PARA UN BUEN USO

Estos son los dichos sabios de Salomón, hijo de David, rey de Israel: 2 Te enseñan a conocer la sabiduría y la enseñanza, a encontrar las palabras del buen juicio. 3 Te ayudan a aprender sobre los caminos de sabiduría y sobre lo que es justo y recto. 4 Dan sabiduría a los niños, y hacen que los jóvenes aprendan mucho y sean sabios. 5 El sabio escuchará y aprenderá cada vez más. Un hombre de buen juicio sabrá entender un dicho y una ilustración, las palabras de los sabios y lo que significan.

7 El temor del Señor es el comienzo para adquirir mucho conocimiento. Los necios odian la sabiduría y la enseñanza.

8 Escucha las enseñanzas de tu padre, hijo mío, y no te alejes de las de tu madre. 9 Pues son gloria para tu cabeza y una bella cadena en tu cuello. 10 Hijo mío, si los pecadores intentan llevarte al pecado, no vayas con ellos. 11 Si dicen: «Ven con nosotros. Esperemos para matar a alguien. Pongamos una trampa para los inocentes. 12 Nos los tragaremos vivos como la muerte, como los que bajan a la tumba. 13 Encontraremos todo

tipo de cosas valiosas. Llenaremos nuestras casas con las riquezas robadas. 14 Comparte tu parte con nosotros. Todos tendremos una bolsa de dinero».

15 Hijo mío, no entres en su camino. Guarda tus pies lejos de su camino. 16 Pues sus pies corren para pecar y se apresuran a matar. 17 Sí, en vano se extiende la red si el pájaro está mirando. 18 Ponen trampas para sus propias vidas y lo que esperan es su muerte. 19 Así son los caminos de todos los que consiguen sus cosas dañando a los demás. Su deseo de riquezas robadas les arrebata la vida.

20 La sabiduría llama en la calle. Alza la voz en el centro de la ciudad. 21 Grita en las bulliciosas calles. Habla en las puertas abiertas de la ciudad: 22 «Oh necios, ¿hasta cuándo querrán ser necios? ¿Hasta cuándo serán felices los que se ríen de los demás? ¿Hasta cuándo odiarán los necios el conocimiento? 23 ¡Escucha mis palabras de corrección! Mira, derramaré mi espíritu sobre ti. Te daré a conocer mis palabras. 24 Llamé, pero no me escuchaste. Extendí mi mano y nadie hizo ni caso. 25 No me escucharon cuando les dije lo que debían hacer, y no quisieron oír ninguna de mis severas palabras de reprensión. 26 Así que yo me reiré en tu angustia. Me reiré cuando sientas temor. 27 El temor llegará a ti como una tormenta. Los tiempos duros llegarán como un viento recio. Cuando se presenten la angustia y el sufrimiento, 28 entonces me llamarán,

pero no responderé. Me buscarán, pero no me hallarán. 29 Porque odiaron en extremo el conocimiento, y no eligieron el temor del Señor. 30 No me escucharon cuando les dije lo que debían hacer. Se rieron de todas mis palabras de reprensión. 31 Así que comerán el fruto de su camino y se saciarán de sus propios planes. 32 Pues al necio lo matará su rechazo. La confianza que pone en sí mismo destruirá al necio. 33 Pero el que me escuche vivirá libre de peligros y descansará tranquilo, sin temor de lo malo».

Proverbios 2

Si una persona busca sabiduría de Dios, ocurrirán muchas cosas. Entenderá lo que es correcto y de qué manera se supone que la santidad de Dios se exprese en el tiempo y en el espacio. Será una persona justa, buena y noble. Sabrá qué senda seguir y qué decisiones tomar.

LA SABIDURÍA TRAE SEGURIDAD

Hijo mío, si recibes mis dichos y guardas dentro de ti mis enseñanzas, 2 haz que tu oído se abra a la sabiduría. Vuelve tu corazón al entendimiento. 3 Si clamas por saber distinguir entre el bien del mal y levantas tu voz para pedir entendimiento; 4 si lo buscas como a la plata y como a las riquezas ocultas; 5 entenderás el temor del Señor y encontrarás lo que se conoce de Dios. 6 Pues el Señor da la sabiduría. De su boca sale abundante enseñanza y entendimiento. 7 Él guarda la sabiduría perfecta para los que son justos ante él. Él es refugio para los que están en su camino. 8 Él vela por el camino correcto y guarda el camino de los que le pertenecen. 9 Entonces entenderás lo que es justo y bueno, y distinguirás lo correcto de lo malo, y sabrás lo que debes hacer. 10 Pues la sabiduría entrará en tu corazón y tu alma se complacerá en aprender mucho. 11 El buen pensamiento te mantendrá a salvo. El entendimiento velará por ti. 12 Serás protegido del hombre pecador y del que causa mucha aflicción con sus palabras.

13 Serás protegido del hombre que deja el camino rec- to para andar por los caminos de oscuridad, 14 del que es feliz haciendo el mal y se goza en el camino del pe- cado. 15 Sus caminos no son derechos ni buenos.

16 Serás salvado de la mujer extraña, de la mu- jer pecadora con sus suaves palabras. 17 Ella deja al marido que tenía en su juventud y olvida el pacto con su Dios. 18 Pues su casa desciende hasta la muerte y sus pasos conducen hasta los muertos. 19 Nadie que se acerque a ella regresa, ni encuentra los caminos de la vida.

20 Así pues, anda por el camino de los hombres buenos y mantente en los caminos de los que son justos y buenos. 21 Pues los que son justos ante Dios vivirán en la tierra. Los hombres sin tacha permanecerán en ella, 22 pero los pecadores serán borrados de la tierra, y los que no son fieles serán quitados de ella.

Proverbios 3

Lo que uno tiene alrededor del cuello —cerca de la garganta— influencia las propias palabras, y estas reflejan el carácter. El corazón representa el centro de lo que motiva todo lo que uno hace. La totalidad de la persona debe ser, pues, influenciada por el amor y la fidelidad.

LA RECOMPENSA DE SEGUIR LA SABIDURÍA

Hijo mío, no olvides mi enseñanza. Que tu corazón guarde mis palabras, 2 pues te darán muchos días y años de vida y paz. 3 Que no te abandonen la bondad y la verdad. Átalas a tu cuello. Escríbelas en tu corazón. 4 Así hallarás favor y buen entendimiento a ojos de Dios y del hombre. 5 Confía en el Señor con todo tu corazón y no confíes en tu propio entendimiento. 6 Anda como él te diga en todos tus caminos y él hará que tus caminos sean derechos. 7 No seas sabio a tus propios ojos. Teme al Señor y aléjate de lo que es pecaminoso. 8 Eso será salud para tu cuerpo y medicina para tus huesos. 9 Honra al Señor con tus riquezas, y con las primicias de todos tus productos. 10 Así tus almacenes se llenarán de muchas cosas buenas y tus barriles rebosarán de vino nuevo. 11 Hijo mío, cuando el Señor te castigue, escúchalo. No te des por vencido cuando él te diga lo que debes hacer. 12 El Señor castiga a todos los que ama. Él azota a todo el que recibe como hijo.

13 Dichoso el hombre que halla la sabiduría, y el hombre que consigue entendimiento. 14 Pues es mejor que conseguir plata y oro refinado. 15 Vale más que las piedras preciosas. Nada de lo que puedas desear es comparable con ella. 16 La longevidad está en su diestra. La riqueza y el honor están en su mano izquierda. 17 Sus caminos son agradables y todas sus sendas son paz. 18 Es un árbol de vida para los que se aferran a ella. Dichosos todos los que la tienen cerca. 19 El Señor construyó la tierra con sabiduría. Construyó los cielos con entendimiento. 20 Por su conocimiento, se dividieron los mares y cae el agua del cielo.

21 Hijo mío, no permitas que te dejen sin vista. Guarda la sabiduría perfecta y el pensamiento atento, 22 y serán la vida para tu alma y una bella cadena en tu cuello. 23 Así estarás a salvo en tu camino y tu pie no tropezará. 24 No tendrás miedo cuando te acuestes. Cuando te acuestes, tendrás dulces sueños. 25 No temas el terror repentino, y no tengas miedo de la tormenta de los pecadores cuando llegue, 26 pues el Señor será tu confianza. Él impedirá que tu pie caiga en la trampa.

27 No dejes de hacer el bien a quien debes cuando está en tu poder hacerlo. 28 No le digas a tu prójimo: «Vete, vuelve mañana y te lo daré», cuando lo tienes a mano. 29 No planees ningún mal para tu prójimo que confía en ti tanto como para vivir a tu lado. 30 No

pelees con nadie sin motivo si no te ha hecho ningún mal. 31 No tengas envidia del que hace mal a otros, y no elijas ninguno de sus caminos. 32 Pues el Señor aborrece al malo, pero está cercano a los que son justos ante él. 33 El castigo del Señor pende sobre la casa del pecador, pero él hace bien a la casa de los que son justos ante él. 34 Dios se burla de los que se burlan de la verdad, pero da su bondad amorosa a los que no son orgullosos. 35 Para los sabios será la honra, pero los necios recibirán vergüenza.

Proverbios 4

La advertencia de no desviarse a derecha ni a izquierda
también se encuentra en Deuteronomio 5.32; 17.11;
28.14 y Josué 23.6. La idea consiste en que uno no debe
distraerse del camino de la sabiduría. Esta senda no
debería ignorarse ni tampoco añadirle o sustraerle. La
sabiduría proporciona el modo de vida y todo lo que la
rodea es el camino de destrucción.

LA ENSEÑANZA DE UN PADRE

Oh, hijos, oigan la enseñanza de un padre. Escuchen para que puedan entender. 2 Pues yo les doy una buena enseñanza. No se aparten de ella. 3 Cuando yo era hijo único y muy querido de mi madre y mi padre, 4 este me enseñaba, diciendo: «Mantén mis palabras cerca de tu corazón. Guarda mis enseñanzas y vive. 5 Adquiere sabiduría y entendimiento. No olvides ni te apartes de las palabras de mi boca. 6 No abandones a la sabiduría y ella te mantendrá a salvo. Ámala y ella te cuidará. 7 El comienzo de la sabiduría es: ¡Adquiere sabiduría! Y por encima de todo lo que has adquirido, adquiere entendimiento. 8 Hónrala y ella te honrará a ti. Ella te honrará si la llevas en tu corazón. 9 Pondrá en tu cabeza una corona de favor, amor y belleza».

10 Escucha, hijo mío, y recibe mis palabras, y serán muchos los años que vivas. 11 Te he instruido en el camino de la sabiduría. Te he llevado por los caminos

correctos. 12 Cuando camines, tus pasos no serán interrumpidos. Si corres, no tropezarás. 13 Aférrate a la enseñanza. No la dejes. Cuídala, porque ella es tu vida. 14 No vayas por la senda de los pecadores. No andes por el camino de los malvados. 15 Mantente alejado de él. No pases por allí. Dale la espalda y sigue. 16 Pues no pueden dormir a menos que hagan algún mal. Pierden el sueño si no pueden hacer caer a alguien. 17 Pues comen el pan del pecado y beben el vino de las maldades. 18 Pero el camino de los justos es como la luz de la mañana. Brilla cada vez más hasta que el día es perfecto. 19 El camino de los pecadores es como la oscuridad. No saben ni con qué se tropiezan.

20 Hijo mío, escucha mis palabras. Dirige tu oído a mis dichos. 21 No permitas que te dejen sin vista. Guárdalas en el centro de tu corazón. 22 Pues son vida para los que las hallan y salud para todo su cuerpo. 23 Mantén tu corazón puro porque de él salen las cosas importantes de la vida. 24 Aparta de ti las palabras falsas. Aleja de ti las malas palabras. 25 Que tus ojos miren directamente hacia delante, y no dejes de mirar a lo que tienes en frente. 26 Observa la senda de tus pies y todos tus caminos estarán seguros. 27 No tuerzas a la derecha ni a la izquierda. Aparta tu pie del pecado.

Proverbios 8

*Dios no ha hecho que su sabiduría sea inaccesible; está
a disposición de todos los que la busquen. Cuando llega,
derrama bendiciones y tesoros sobre aquellos que la aman
y la procuran. Sin embargo, los motivos inadecuados no se
mezclan con la búsqueda de la sabiduría. En otras palabras,
no podemos intentar buscarla con el fin de obtener ganancia.
Más bien se trata de procurar las cosas que Dios ama con el
propósito de que la gloria sea para él.*

Alabanza a la sabiduría

¿Acaso no llama la sabiduría? ¿No alza su voz el entendimiento? 2 Ella se sitúa en lo alto de la colina junto al camino, donde se encuentran los senderos. 3 Junto a las puertas de la ciudad, ante las puertas abiertas, clama: 4 «Les hablo a ustedes, oh hombres. Mi voz es para los hijos de los hombres. 5 Oh, hijos, aprendan a usar la sabiduría. Oh, necios, hagan entender a su mente. 6 Escuchen, porque hablaré grandes cosas. De mis labios saldrá lo que es justo. 7 Pues mi boca dirá la verdad. Mis labios odian las malas acciones. 8 Todas las palabras de mi boca son justas y buenas. No hay nada contrario a la verdad en ellas. 9 Todas ellas son claras para el que entiende y justas para los que han hallado mucho conocimiento. 10 Toma mi enseñanza en lugar de plata. Toma abundancia de conocimiento en lugar de oro refinado. 11 Pues la sabiduría es mejor que las piedras preciosas. Todo lo que puedas desear no es comparable con ella.

12 «Yo, la sabiduría, vivo con el entendimiento, y hallo abundancia de conocimiento y pensamiento atento. 13 El temor del Señor es aborrecer lo que es pecaminoso. Odio el orgullo, el amor propio egoísta, el camino del pecado y las mentiras. 14 Yo poseo enseñanza y sabiduría. Tengo entendimiento y poder. 15 Gracias a mí los reyes gobiernan y los gobernantes hacen leyes justas. 16 Gracias a mí rigen los gobernantes, y todos los príncipes gobiernan en la tierra. 17 Yo amo a los que me aman, y los que me buscan con mucho deseo me encontrarán. 18 Mías son las riquezas y la honra, las riquezas duraderas y el ser justo ante Dios. 19 Mi fruto es mejor que el oro, incluso que el oro puro. Lo que yo doy es mejor que la plata refinada. 20 Yo ando por el camino que es justo ante Dios, en el centro de los caminos que son justos. 21 Yo doy riquezas a los que me aman y lleno sus depósitos.

22 »El Señor me creó al principio de su obra, antes de sus primeras obras, mucho tiempo atrás. 23 Me puso aparte hace mucho tiempo, desde el principio, antes de que la tierra existiera. 24 Yo nací cuando aún no había mares, cuando no existían los estanques. 25 Nací antes de que las montañas y las colinas estuvieran en su sitio. 26 Yo existía antes de que Dios hiciera la tierra o los campos, o el primer polvo de la tierra. 27 Yo estaba

ahí cuando creó los cielos y cuando trazó una marca en la parte superior del mar. 28 Yo estaba ahí cuando puso los cielos en lo alto y cuando puso las fuentes de las aguas en su lugar. 29 Yo estaba ahí cuando él le señaló su sitio al mar, para que las aguas no fueran más allá de donde él dijo. Yo estaba ahí cuando señaló el cimiento para la tierra. 30 Yo estaba a su lado como maestro de obra. Yo era su gozo cada día. Siempre estaba feliz cuando estaba cerca de él. 31 Yo era feliz en el mundo, en su tierra, y me gozaba en los hijos de los hombres.

32 »Así que ahora, hijos, escúchenme, pues dichosos son los que guardan mis caminos. 33 Escuchen mis enseñanzas y sean sabios. No se alejen de ellas. 34 Dichoso el hombre que me escucha, velando cada día a mis puertas, esperando junto a mis puertas. 35 Pues el que me encuentra halla la vida y recibe el favor del Señor, 36 pero el que se aleja de mí se hace daño a sí mismo. Todos los que me odian aman la muerte».

Proverbios 9

La sencilla idea del pasaje es que si entramos en la casa de la justicia tendremos vida. A pesar de ello, este concepto se expresa de maneras complejas. Se desconoce a ciencia cierta la naturaleza de la casa de la sabiduría con siete pilares.

LA SABIDURÍA O EL CAMINO AL INFIERNO

La sabiduría ha construido su casa. Ha hecho siete pilares para sostenerla. 2 Ha preparado su comida, ha mezclado su vino y ha puesto su mesa. 3 Ha enviado a las jóvenes que trabajan para ella. Ella llama desde los lugares más altos de la ciudad: 4 «¡Aquel al que engañan fácilmente, preséntese acá!». Al falto de entendimiento le dice: 5 «Ven y sírvete de mi comida, y bebe el vino que he mezclado. 6 Vuélvete de tu necio camino y vive. Anda en el camino del entendimiento».

7 El que dirige palabras serias de corrección al hombre que se ríe de la verdad acarrea vergüenza sobre sí mismo. El que reprende al pecador se lastima a sí mismo. 8 No dirijas palabras serias de represión al que se ríe de la verdad, o te odiará. Dirige esas palabras a un hombre sabio, y te amará. 9 Enseña al sabio y será aún más sabio. Enseña al que es justo y bueno, y crecerá en conocimiento. 10 El temor del Señor es el comienzo de la sabiduría. Aprender sobre el Santo es tener entendimiento. 11 Pues por medio de mí tus días aumentarán en número y se agregarán años a tu vida. 12 Si eres

sabio, tu sabiduría te ayuda. Si te ríes de la verdad, tú sufrirás por ello.

13 La mujer necia hace mucho ruido. Está abierta al pecado y es ignorante. 14 Se sienta a la puerta de su casa o en un asiento en las partes altas de la ciudad. 15 Llama a los que pasan por allí y quieren enderezar sus caminos: 16 «¡Aquel al que engañan fácilmente, que entre aquí!». Le dice al hombre sin entendimiento: 17 «El agua robada es dulce, y el pan comido en secreto es agradable». 18 Pero no sabe que ahí están los muertos, y que los que la visitan están en el fondo del infierno.

Proverbios 10

El contraste entre la persona recta y el impío es común en Proverbios. Salomón quiere que su hijo entienda esta diferencia, de modo que su intención aquí es explicarla.

Los dichos de sabiduría de Salomón

Los dichos de Salomón:

El hijo sabio alegra al padre, pero el hijo necio apena a su madre.

2 Las riquezas adquiridas de mala manera no hacen ningún bien, pero hacer lo que es justo y bueno salva de la muerte.

3 El Señor no dejará que los que son justos ante él pasen hambre, pero desecha el deseo de los pecadores.

4 El que trabaja con mano perezosa es pobre, pero la mano del que trabaja duro trae riquezas.

5 El hijo que recoge en verano es sabio, pero el hijo que duerme en la época de cosecha trae vergüenza.

6 Buenas cosas se dan a los que son justos ante Dios, pero la boca del pecador esconde problemas.

7 Los que son justos ante Dios son recordados con honor, pero el nombre del pecador se desvanecerá.

8 El sabio de corazón recibirá la enseñanza, pero el necio que tiene la lengua suelta será como nada.

9 El que es justo en su andar está seguro en sus pasos, pero el que toma el mal camino será descubierto.

10 El que guiña el ojo causa problemas, y el necio que tiene la lengua suelta será como nada.

11 La boca del que es justo ante Dios es una fuente de vida, pero la boca del pecador esconde problemas.

12 El odio inicia las peleas, pero el amor cubre todos los pecados.

13 La sabiduría se encuentra en los labios del que tiene entendimiento, pero la vara es para la espalda del que carece de entendimiento.

14 Los sabios acumulan conocimiento, pero a los necios los destruirá su propia boca.

15 La riqueza del rico es su fuerza, pero la necesidad de los pobres es lo que los destruye.

16 La recompensa que obtienen los que son justos ante Dios es la vida, pero a los pecadores se les paga con el castigo.

17 El que escucha la enseñanza está en el camino de la vida, pero el que no escucha las palabras de represión va por el camino equivocado.

18 El que oculta odio tiene labios mentirosos, y el que habla para herir a las personas es un necio.

19 El que habla mucho seguro que peca, pero el que tiene cuidado con lo que dice es sabio.

20 La lengua de los que son justos ante Dios es como la plata refinada, pero el corazón del pecador no es de gran valor.

21 Los labios de los que son justos ante Dios alimentan a muchos, pero los necios mueren por falta de entendimiento.

22 El bien que viene del Señor lo hace a uno rico, y Dios no le añade ninguna pena.

23 Para el necio, hacer el mal es como un juego, pero el hombre de entendimiento tiene sabiduría.

24 Lo que el pecador teme, eso le vendrá encima, y lo que desea el hombre que es justo ante Dios, eso le será dado.

25 Cuando pasa la tormenta, el hombre pecador ya no está, pero el que es justo ante Dios tiene un lugar donde permanece para siempre.

26 Como el vino agrio a los dientes y el humo a los ojos, así es el perezoso a los que lo envían.

27 El temor del Señor prolonga la vida, pero los años de los pecadores serán cortados.

28 La esperanza de los que son justos ante Dios es gozo, pero la esperanza de los pecadores desaparece.

29 El camino del Señor es una fortaleza para los que son fieles, pero destruye a los que hacen el mal.

30 Los que son justos ante Dios nunca serán sacudidos, pero los pecadores no vivirán en la tierra.

31 De la boca de los que son justos ante Dios mana sabiduría, pero a la lengua pecaminosa se le pondrá fin.

32 Los labios de los que son justos ante Dios hablan lo que es agradable a los demás, pero la boca del pecador solo habla lo que es malo.

Proverbios 13

Recibir el árbol de la vida es tener una vida abundante que nadie puede arrebatarnos. Para obtenerla, uno debe practicar la obediencia, aprender de personas dignas de respeto y no actuar con precipitación.

Un hijo sabio escucha cuando su padre le indica el camino correcto, pero el que se burla de la verdad no escucha cuando se le dirigen palabras de corrección.

2 Al que tiene cuidado con lo que dice le irá bien, pero el que quiera hacer daño a otros sufrirá aflicciones.

3 El que cuida su boca guarda su vida. El que abre demasiado los labios será destruido.

4 El alma del perezoso desea con intensidad pero no consigue nada, pero el alma del que se esfuerza obtiene más de lo que necesita.

5 El hombre que es justo ante Dios odia la mentira, pero las acciones del pecador generan odio y son avergonzadas.

6 La justicia y la bondad protegen al hombre de camino intachable, pero el pecado destruye al pecador.

7 Hay quien finge ser rico, pero no tiene nada. Otro finge ser pobre, pero tiene muchas riquezas.

8 El rico puede emplear su riqueza para salvar su vida, pero el pobre no escucha las palabras de corrección que se le dirigen.

9 Los que son justos ante Dios están llenos de luz, pero la lámpara de los pecadores se apagará.

10 La contienda solo procede del orgullo, pero hay sabiduría en los que escuchan cuando se les dice lo que deben hacer.

11 Las riquezas adquiridas con falsedad menguan y menguan, pero las riquezas conseguidas con trabajo duro crecen.

12 La esperanza que tarda en cumplirse enferma el corazón, pero el deseo que se cumple es árbol de vida.

13 El que odia la Palabra estará bajo su yugo, pero el que teme a la Palabra recibirá buena recompensa.

14 La enseñanza de los sabios es fuente de vida, para salvar a uno de las redes de la muerte.

15 El buen juicio obtiene favor, pero el camino del pecador se complica.

16 Todo sabio actúa con mucho conocimiento, pero el necio hace patente la necedad de su camino.

17 Un ayudante pecador se mete en problemas, pero un ayudante fiel trae sanidad.

18 El que no escucha la corrección se empobrecerá y será avergonzado, pero el que escucha las palabras de represión recibirá honra.

19 El deseo que se cumple es dulce para el alma, pero los necios odian renunciar a lo que es pecaminoso.

20 El que anda con sabios será sabio, pero el que anda con necios será destruido.

21 A los pecadores les siguen los problemas, pero los que son justos ante Dios recibirán cosas buenas.

22 El hombre bueno deja lo que posee para los hijos de sus hijos. Las riquezas del pecador se almacenan para los que son justos ante Dios.

23 Hay mucho alimento en los arados de los pobres, pero se lo quitan por culpa de la maldad.

24 El que no castiga a su hijo cuando es necesario lo odia, pero el que lo ama lo castigará cuando lo necesite.

25 El hombre que es justo ante Dios tiene todo el alimento que necesita, pero el estómago del pecador nunca tiene suficiente.

Proverbios 15

Una persona no puede controlar su experiencia en este mundo desde fuera hacia dentro; tiene que ser al revés. Una persona sabia procura entender el mundo desde el punto de vista de Dios, y esto produce gozo en el corazón. Un corazón alegre tiene un banquete continuo. De hecho, tener un corazón que se alimenta del gozo, del temor y del amor del Señor es mejor que un banquete literal.

La respuesta amable aleja la ira, pero la palabra hiriente la provoca.

2 La lengua de los sabios emplea mucho conocimiento de buena manera, pero la boca de los necios habla con necedad.

3 Los ojos del Señor están en todas partes, observando lo malo y lo bueno.

4 La lengua suave es árbol de vida, pero la lengua pecaminosa aplasta el espíritu.

5 El necio se aparta de las palabras de corrección de su padre, pero el que recuerda las correcciones que le dirigen es sabio.

6 Grandes riquezas hay en la casa de los que son justos ante Dios, pero lo que recibirán los pecadores serán aflicciones.

7 Los labios de los sabios difunden mucho conocimiento, no así la mente de los necios.

8 El Señor aborrece las ofrendas del pecador, pero la oración de los fieles es su alegría.

9 El Señor aborrece el camino del pecador, pero ama al que sigue lo que es justo y bueno.

10 El que se desvíe del camino recto será castigado. El que odia las palabras de corrección que se le dirigen morirá.

11 El mundo de los muertos está abierto a los ojos del Señor. ¡Cuánto más los corazones de los hombres!

12 El hombre que se burla de la verdad no tiene amor por el que le dirige palabras de corrección. No acudirá a los sabios.

13 El corazón contento alegra el rostro, pero, cuando el corazón está triste, el espíritu se quebranta.

14 La mente del entendido procura aprender mucho, pero la boca de los necios se alimenta de necedades.

15 Todos los días de sufrimiento son duros, pero el corazón alegre celebra en todo tiempo una cena especial.

16 Un poco con el temor del Señor es mejor que grandes riquezas con aflicción.

17 Un plato de verduras con amor es mejor que comer la mejor carne con odio.

18 El hombre de mal genio inicia las peleas, pero el que es lento para la ira calma las contiendas.

19 El camino del perezoso está lleno de espinas, pero el de los fieles es una buena calzada.

20 El hijo sabio alegra a su padre, pero el necio aborrece a su madre.

21 El camino de necedad es gozo para el que no tiene sabiduría, pero el hombre de buen juicio camina recto.

22 Los planes salen mal cuando no se comentan, pero saldrán bien cuando muchos sabios conversen sobre lo que se ha de hacer.

23 Dar una buena respuesta es una alegría, ¡y qué agradable es la palabra dicha en el momento oportuno!

24 Para el sabio, el camino de la vida va hacia arriba, para mantenerlo lejos del infierno de abajo.

25 El Señor derribará la casa de los soberbios, pero edificará un lugar para la viuda.

26 El Señor aborrece los planes de los pecadores, pero le agradan las palabras de los puros.

27 El que consigue cosas haciendo el mal le acarrea angustias a su familia, pero el que no recibe pagos secretos por hacer el mal vivirá.

28 La mente del que es justo ante Dios piensa su respuesta, pero la boca del pecador suelta cosas pecaminosas.

29 El Señor está lejos de los pecadores, pero escucha la oración de los que son justos ante él.

30 La luz de los ojos hace que el corazón se alegre. Las buenas noticias engrasan los huesos.

31 Aquel cuyo oído escuche las palabras dichas con cuidado vivirá entre los sabios.

32 El que no escucha la instrucciones para su corrección se odia a sí mismo, pero el que escucha cuando se le corrige adquiere entendimiento.

33 El temor del Señor es la enseñanza de sabiduría, y el no ser orgulloso produce honra.

Proverbios 16

El versículo 33 concluye el capítulo como ha empezado, con el recordatorio de que la soberanía de Dios dirige toda actividad humana. Las personas tienen numerosas formas de decidir cómo proceder en la vida, pero deberían estar agradecidas de que Dios sea Aquel cuya voluntad se cumple en última instancia.

Los planes del corazón le pertenecen al hombre, pero la respuesta de la lengua es del Señor.

2 Todos los caminos del hombre son puros a sus ojos, pero el Señor pesa los pensamientos del corazón.

3 Confía tus obras al Señor y tus planes te saldrán bien.

4 El Señor ha hecho todas las cosas para sus propósitos, incluso al pecador para el día de la aflicción.

5 Todo el que tiene un corazón lleno de orgullo es una vergüenza para el Señor. Sin duda, será castigado.

6 El pecado ha sido pagado por la bondad amorosa y la verdad. El temor del Señor te mantiene alejado del pecado.

7 Cuando los caminos del hombre son agradables al Señor, él hace que incluso quienes lo aborrecen estén en paz con él.

8 Una pequeña cantidad ganada justamente es mejor que una gran cantidad ganada impropiamente.

9 La mente del hombre planea su camino, pero el Señor le muestra lo que debe hacer.

10 Los labios del rey deben decidir como lo haría Dios. No debe pecar con su boca al decidir lo que está bien o mal.

11 La exactitud al decir el peso de algo le pertenece al Señor. Él se interesa por todas las pesas de la bolsa.

12 A los reyes les resulta odioso hacer el mal, pues el trono se edifica sobre lo que es justo.

13 Los labios que hablan lo que es justo y bueno son la alegría de los reyes, y se ama al que habla la verdad.

14 La ira del rey acarrea muerte, pero el hombre sabio la calmará.

15 Hay vida cuando el rostro del rey se ilumina, y su favor es como una nube que trae la lluvia de primavera.

16 Adquirir sabiduría es mucho mejor que adquirir oro. Hay que escoger la adquisición de entendimiento en lugar de la plata.

17 El camino de los fieles se aleja del pecado. El que vigila su andar protege su vida.

18 El orgullo precede a la destrucción y el espíritu orgulloso precede a la caída.

19 Es mejor ser pobre de espíritu entre los pobres que repartir con los orgullosos las riquezas tomadas.

20 El que escucha la Palabra encontrará el bien, y dichoso el que confía en el Señor.

21 Al sabio de corazón se le llamará entendido, y hablar con amabilidad ayuda a los demás a saber que lo que dices es correcto.

22 El entendimiento es fuente de vida para quien lo posee, pero dirigir palabras de corrección a los necios no sirve de nada.

23 El corazón del sabio domina su boca y añade conocimiento a sus labios.

24 Las palabras agradables son como la miel. Son dulces para el alma y sanadoras para los huesos.

25 Hay camino que al hombre le parece correcto, pero su fin es el camino de la muerte.

26 El hambre del obrero lo estimula. La necesidad de su boca lo motiva.

27 El hombre indigno busca el mal. Sus palabras son como fuego ardiente.

28 El hombre malo propaga los problemas. El que hiere a las personas con malas palabras separa a los buenos amigos.

29 El hombre que hiere a otros tienta a su prójimo a hacer lo mismo y lo lleva por un camino que no es bueno.

30 El que guiña los ojos planea hacer cosas malas. El que cierra los labios permite que sucedan cosas pecaminosas.

31 El cabello que se está encaneciendo es como una corona de honor. Se encuentra en un andar justo ante Dios.

32 El que es lento para la ira es mejor que el poderoso, y el que domina su espíritu es mejor que el que conquista una ciudad.

33 El hombre decide echando suertes en su regazo, pero es el Señor quien decide.

Proverbios 18

Aunque a las palabras se les puede dar un uso erróneo en numerosas formas, cuando se usan adecuadamente pueden edificar a los demás. El versículo 20 sugiere que, así como el alimento satisface el hambre de la persona, las palabras bien escogidas pueden ser también una agradable fuente de contentamiento. Las personas sabias toman sus palabras en serio.

El que está siempre apartado de los demás solo se preocupa por sí mismo. Discute contra toda buena sabiduría.

2 El necio no halla gozo en el entendimineto, sino tan solo en dar a conocer sus pensamientos.

3 Cuando llega el pecador, llega también el odio, y donde no hay honor hay vergüenza.

4 Las palabras del hombre son aguas profundas. La sabiduría discurre como un río con su agradable sonido.

5 No es bueno favorecer a los pecadores, ni ocultar lo bueno a quien es justo ante Dios.

6 Los labios del necio traen contienda; y su boca, azotes.

7 Al necio lo destruye su boca, y sus labios son una trampa para su alma.

8 Las palabras del que habla en secreto de los demás son como tentadores bocados de comida. Se adentran en lo más profundo del cuerpo.

9 El que es perezoso en su trabajo es como un hermano para el que destruye cosas.

10 El nombre del Señor es una torre fuerte. El que hace lo que es justo corre hacia ella y se pone a salvo.

11 El dinero del rico es su ciudad fuerte, y él piensa que es como una alta muralla.

12 El corazón del hombre es orgulloso antes de ser destruido, pero la humildad precede al honor.

13 Si uno da una respuesta antes de escuchar la pregunta, evidencia su necedad y su vergüenza.

14 El espíritu del hombre puede ayudarlo en su enfermedad, pero ¿quién sostiene un espíritu roto?

15 La mente entendida adquiere mucho conocimiento, y el oído de los sabios escucha para aprender al máximo.

16 El regalo de un hombre le abre sitio y lo lleva delante de los grandes.

17 El que cuenta su historia primero hace que la gente piense que tiene razón, hasta que viene el otro y lo cuestiona.

18 Al echar suertes para decidir se pone fin a la discusión. Así se evita que los poderosos se peleen.

19 Es más difícil conquistar a un hermano herido en su espíritu que una ciudad fuerte, y la disputa es como las puertas de hierro de la casa de un rey.

20 El estómago del hombre se llenará con el fruto de su boca. Se llenará de lo que hablen sus labios.

21 La muerte y la vida están en poder de la lengua, y los que la aman comerán su fruto.

22 El que halla esposa halla algo bueno y obtiene el favor del Señor.

23 El pobre pide bondad amorosa, pero el rico es duro en sus respuestas.

24 El hombre que tiene amigos debe ser un amigo, pero hay amigo que es más cercano que un hermano.

Proverbios 22

El versículo 6 es, probablemente, uno de los más citados del libro de Proverbios. Como muchos otros, este proverbio es cierto en un sentido general (no absoluto). Cuando los padres temen a Dios, buscan sabiduría, ordenan sus prioridades e intentan inculcar estas mismas cosas en sus hijos, estos tienen mejor probabilidad de aprender a tomar buenas decisiones por sí solos.

Hay que elegir la buena fama antes que muchas riquezas. El favor es mejor que la plata y el oro.

2 El rico y el pobre coinciden. El Señor es el creador de ambos. 3 El sabio ve el pecado y se esconde, pero el necio sigue adelante y recibe el castigo por ello.

4 La recompensa por no ser orgulloso y por temer al Señor es la riqueza, el honor y la vida.

5 En el camino de los pecadores hay espinos y trampas. El que vela por sí mismo se mantendrá alejado de ellos.

6 Cría al niño enseñándole el camino que debe seguir y cuando sea viejo no se apartará de él.

7 El rico manda sobre el pobre. El hombre que usa algo de otra persona está bajo el mando de quien le dejó usarlo.

8 El que siembra pecado acumulará problemas, y la pesada vara de su ira se quebrará.

9 El que da mucho será honrado, porque da parte de su comida a los pobres.

10 Despide al hombre que se ríe de la verdad y cesarán la discusión, la lucha y la vergüenza.

11 El que ama tener un corazón puro y habla con amabilidad tiene al rey como amigo.

12 Los ojos del Señor velan donde hay abundancia de conocimiento, pero destruyen las palabras del hombre que no es fiel.

13 El perezoso dice: «¡Hay un león afuera! ¡Voy a morir en las calles!».

14 La boca de la mujer pecadora es un hoyo profundo. Aquel con quien el Señor esté enojado caerá en ese hoyo.

15 El camino de la necedad está en el corazón del niño, pero la vara de castigo lo alejará de él.

16 El que se lo pone difícil a los pobres acumulando más para sí mismo, o da a los ricos, empobrecerá.

17 Inclina tu oído y escucha las palabras de los sabios, y abre tu mente a lo que ellos enseñan, 18 pues te agradarán si las guardas en tu corazón, para que estén listas en tus labios. 19 Hoy te he enseñado, sí, a ti, para que confíes en el Señor. 20 ¿No te he escrito grandes cosas de sabia enseñanza y abundancia de conocimiento 21 para mostrarte que las palabras verdaderas son seguras, para que des una respuesta cierta al que te ha enviado?

22 No robes al pobre porque es pobre, ni aplastes en la puerta a los que sufren. 23 Pues el Señor estará

a su lado y los ayudará, y les quitará la vida a quienes les roben.

24 No tengas nada que ver con el hombre iracundo, ni vayas con el hombre agresivo. 25 O puede que aprendas sus maneras y caigas en una trampa.

26 No estés entre los que hacen promesas y se ponen como aval por lo que otros deben. 27 Si no tienes con qué pagar, ¿por qué habrían de quitarte tu propia cama?

28 No retires la linde antigua que tus padres han puesto.

29 ¿Ves al hombre que es bueno en su trabajo? Estará de pie delante de los reyes. No se pondrá en pie ante hombres que no sean importantes.

Proverbios 24

Así como una casa se construye y luego se llena de cosas que la hacen habitable, el compromiso con la sabiduría y el conocimiento constante edifica a las personas y les permite funcionar juntas.

No tengas envidia de los pecadores ni quieras estar con ellos, 2 pues sus corazones hacen planes para dañar a otros y sus labios hablan de causar problemas.

3 Con sabiduría se construye una casa. Se consolida con entendimiento, 4 y con abundancia de conocimiento se llenan sus dependencias de todas las riquezas agradables y valiosas.

5 El sabio es fuerte. Un hombre que abunda en conocimiento añade a su fuerza. 6 Pues con una dirección sabia harás la guerra, y vences en la lucha cuando hay muchos sabios que te ayudan a hacer los planes.

7 La sabiduría es demasiado difícil de entender para el necio. Él no abre la boca en la puerta. 8 El que planea hacer el mal será llamado alborotador. 9 La planificación de necedades es pecado, y el que se ríe de la verdad es odiado por los hombres.

10 Si flaqueas en el día de la aflicción, tu fuerza es débil.

11 Salva a los que son llevados a la muerte. Evita que los maten. 12 Si dices: «Mira, no sabíamos esto», ¿acaso no lo ve el que sabe lo que hay en los corazones? ¿No lo sabe el que vigila tu alma? ¿Y no pagará a cada cual por su obra?

13 Hijo mío, come miel, porque es buena. Sí, la miel del panal es dulce a tu paladar. 14 No olvides que así es la sabiduría para tu alma. Si la hallas, habrá un futuro y tu esperanza no será cortada.

15 Oh, pecador, no aceches la casa del hombre que es justo ante Dios. No destruyas su lugar de reposo. 16 Pues el hombre que es justo ante Dios cae siete veces y se vuelve a levantar, pero los pecadores caen en el tiempo de angustia.

17 No te regocijes cuando cae el que te odia. No dejes que tu corazón se alegre cuando él tropiece. 18 El Señor lo verá y no le agradará, y apartará de él su ira.

19 No te preocupes por los que hacen el mal ni tengas envidia de los pecadores, 20 pues no habrá futuro para el pecador. La lámpara del pecador se apagará.

21 Hijo mío, teme al Señor y al rey. No tengas nada que ver con los que gustan de removerlo todo, 22 pues de repente les llegará la aflicción, y quién sabe cuánto destruirán ambos.

23 Estos también son dichos de los sabios. No es bueno mostrar favoritismo en el juicio. 24 El que le dice al pecador: «Tú eres justo y bueno» será denostado por los pueblos y odiado por las naciones, 25 pero los que dirigen palabras de corrección a los pecadores hallarán alegría y vendrá sobre ellos el bien. 26 Dar la respuesta correcta es como un beso en los labios.

27 Haz tu trabajo afuera. Prepara tus campos. Después, construye tu casa.

28 No hables contra tu prójimo sin razón ni mientas con tus labios. 29 No digas: «Haré con él lo que él ha hecho conmigo. Le pagaré por lo que ha hecho».

30 Pasé por el campo del perezoso, por las viñas del hombre sin entendimiento. 31 Y fíjate, todo estaba cubierto de espinos. El terreno estaba lleno de maleza y su muro de piedra estaba caído. 32 Cuando lo vi, pensé en ello. Lo consideré y recibí enseñanza. 33 «Un poco de sueño, un poco de descanso, un poco de plegar las manos para descansar» 34 y tu pobreza vendrá como un ladrón, y tu necesidad, como un enemigo listo para luchar.

Proverbios 27

Un amigo de verdad está dispuesto a decir la verdad y a decir cosas duras. Cuando es necesario hacerlo, es más peligroso marcharse e ignorar esas palabras contundentes que quedarse y aguantarlas. A través de la amistad, las personas son desafiadas, cambiadas, renovadas y apoyadas.

No hables mucho del mañana, pues no sabes lo que te traerá el día.

2 Que te alaben los demás, y no tu propia boca. Que te alabe el extraño, y no tus propios labios.

3 La piedra pesa, y también la arena, pero enojarse por un necio es más gravoso que ambas.

4 La ira causa problemas y el mal genio es como una inundación, pero ¿quién puede estar de pie cuando hay celos?

5 Las palabras incisivas dichas al aire son mejores que el amor que se esconde.

6 Los dolores que causa el amigo son fieles, pero los besos de quien te aborrece son falsos.

7 El que está saciado aborrece la miel, pero al hambriento cualquier cosa amarga le sabe dulce.

8 Como un pájaro que se aleja de su nido, así es el hombre que se aleja de su hogar.

9 El aceite y el perfume alegran el corazón, así también las palabras del hombre son dulces para su amigo.

10 No dejes solo a tu amigo o al amigo de tu padre, y no vayas a la casa de tu hermano en el día de tu

aflicción. Mejor es un vecino cercano que un hermano que está lejos.

11 Sé sabio, hijo mío, y alegra mi corazón, para que pueda responder al que me quiere avergonzar.

12 El sabio ve el pecado y se esconde, pero el necio sigue adelante y sufre las consecuencias.

13 Quítale su abrigo al hombre que se comprometido a avalar la deuda de un extraño, y haz cumplir su palabra al que ha avalado a la mujer pecadora.

14 Aquel que alabe a su vecino con una voz fuerte temprano en la mañana, pensarán de él que está diciendo cosas malas en su contra.

15 La mujer que discute es como el agua que gotea sin cesar en un día de lluvia. 16 Tratar de detenerla es como tratar de detener el viento, o como tratar de agarrar el aceite con la mano derecha.

17 El hierro se afila con hierro, y al hombre lo afila su amigo.

18 El que cuida de la higuera comerá su fruto, y el que cuida del que trabaja recibirá honra.

19 Así como el agua hace de espejo para el rostro, así el corazón del hombre hace de espejo para el hombre.

20 El lugar de los muertos nunca se llena, tampoco los ojos del hombre.

21 El crisol es para la plata y el fuego es para el oro, y lo que prueba al hombre son los elogios que recibe.

22 Aunque lo machaques en el mortero, el camino de necedad no abandonará al necio.

23 Conoce bien cómo están tus rebaños y presta atención a tu ganado. 24 Las riquezas no permanecen para siempre, y una corona no pasa de familia a familia. 25 Cuando desaparezca la hierba, aparezcan las nuevas plantas y se sieguen los pastos de los montes, 26 los corderos servirán para tu ropa y las cabras te darán el valor de un campo. 27 Habrá suficiente leche de cabra para alimentarte, para alimentar a toda tu casa y para mantener a tus jovencitas.

Poverbios 31

En el corazón de esta mujer hay un carácter piadoso.
Aunque pueda ser físicamente encantadora y hermosa,
esas cualidades no duran. La clave de su piadosa
sabiduría es que teme al Señor. Esta es la aplicación
clave de todo el libro de Proverbios.

LA SABIDURÍA DE LA MADRE DEL REY LEMUEL

Las palabras de Lemuel, rey de Massa, que su madre le enseñó:

2 ¿Qué, hijo mío? ¿Qué, hijo de mis entrañas? ¿Qué, hijo de mis promesas? 3 No des tu fuerza a las mujeres, ni tu camino a aquello que destruye a los reyes. 4 No es de reyes, oh Lemuel, no es de reyes beber vino, ni de gobernantes desear el licor. 5 O pueden beber y olvidar la ley, y atentar contra los derechos de todos los que sufren. 6 Dale el licor al que está a punto de morir y el vino al que tiene una vida llena de problemas. 7 Deja que beba y olvide lo pobre que es, que no recuerde sus problemas. 8 Abre tu boca por los que no pueden hablar y por los derechos de aquellos a quienes nadie ayuda. 9 Abre tu boca. Sé justo y equitativo en tus decisiones. Defiende los derechos de los que sufren y están necesitados.

10 ¿Quién puede hallar una buena esposa? Pues vale mucho más que los rubíes que te hacen rico. 11 El corazón de su esposo confía en ella y no dejará

de conseguir cosas buenas. 12 Ella le hace bien y no mal todos los días de su vida. 13 Busca lana y lino, y trabaja con manos diligentes. 14 Es como los barcos de mercaderes. Trae su alimento desde muy lejos. 15 Se levanta cuando aún es de noche y prepara comida para todos los de su casa. Da labores que hacer a las jóvenes. 16 Evalúa con detenimiento un campo y lo compra. Con lo que ha ganado planta vides. 17 Se prepara con energía y hace que sus brazos estén fuertes. 18 Ve que lo que ha ganado es bueno. Su lámpara no se apaga por la noche. 19 Aplica sus manos a la rueca para hacer tejido. 20 Les abre su mano a los pobres y extiende sus manos a los necesitados. 21 No le teme a la nieve pensando en los de su casa, porque todos están vestidos de escarlata. 22 Ella se cuida de abrigarse. Sus vestidos son de lino y púrpura. 23 Su marido es conocido en las puertas, cuando se sienta entre los líderes de la tierra. 24 Ella teje ropa de lino y la vende. Les lleva cintas a los mercaderes. 25 Está vestida de fuerza y honor. Se regocija al pensar en el futuro. 26 Abre la boca con sabiduría. En su lengua hay enseñanza de bondad. 27 Está atenta a los caminos de los de su casa y no come el pan sin ganárselo. 28 Sus hijos se levantan y la honran. Su esposo también, y la alaba diciendo: 29 «Muchas hijas han hecho el bien, pero tú lo has hecho mejor que todas ellas». 30 Los caminos del placer engañan y la belleza se desvanece, pero la mujer que teme al Señor será alabada. 31 Denle el fruto de sus manos y que sus obras la alaben en las puertas.